I0698306

GOOD BYE, SÁNCHEZ!

Sanchismo, mentiras e ingeniería social (II)

GOOD BYE, SÁNCHEZ!

Sanchismo, mentiras
e ingeniería social (II)

José-Miguel Vila

A Carmen, mi esposa, mi compañera, mi editora, mi correctora de estilo, mi alter ego, *sin cuya compañía y complicidad me costaría muchísimo vivir. Y sé que ni con diez vidas que tuviera podría devolverle todo lo que ha hecho por mí.*

A todos aquellos ciudadanos españoles que, durante unos años, han sentido que se ha ido minimizando, cuando no depreciando, sistemáticamente el legado democrático de la Transición, el periodo de mayor prosperidad, democracia y libertad de toda la historia de España.

"Lo curioso no es cómo se escribe la historia, sino cómo se borra"
(Manuel Alcántara)

"Hubo un tiempo, no tan lejano, en que los periódicos eran libres y suponían un contrapeso fundamental para equilibrar la balanza de poderes que nos rodean y dictan las normas de nuestra sociedad"
(Alfonso J. Ussía)

Introducción: Volvamos al periodismo clásico. Nos va mucho en ello

La independencia, la objetividad como norte hacia el que debiera caminar la información y la opinión fundamentada, son bienes cada vez menos frecuentes en los medios de comunicación de la España de nuestros días. Los periodistas, los medios, nos hemos dejado vencer, más que convencer, por razones crematísticas en forma de subvenciones, páginas o minutos de publicidad, y así puede verse toda una procesión de opinadores recorriendo platós de televisión, estudios de radio o espacios en los diarios digitales o de papel para pontificar en torno a tal o cual cuestión y siempre en favor de la mano que nos facilita el pan nuestro de cada día, léase **Pedro Sánchez**.

Pero lo que más amargura me crea es ver hasta qué punto se han subvertido las normas tradicionales del periodismo. Ahora se defiende más al poder y se ataca sin miramientos ni contemplaciones a la oposición. ¡No es esto...!, no es esto, que diría don **José Ortega y Gasset**. La principal razón de ser del periodismo es el ejercicio de contrapeso al poder establecido —si usted quiere, llamémosle de nuevo "cuarto poder"—. Pero, si ahora resulta que se ha tomado el camino contrario, a saber, la loa del que tiene en su poder el gobierno de la nación, flaco favor hacemos a la ciudadanía al no apuntar a sus carencias, a sus abusos en el ejercicio de sus funciones, o el recurso al favoritismo para ayudar a los más amigos.

El deterioro de la imagen de los medios va en directo desprestigio de estos y, en consecuencia, en un desafecto creciente del ciudadano hacia el periodista. Si su opinión está más fundamentada en su propio interés —y más aún si este es de carácter económico—, que en la búsqueda honesta de la verdad, será imposible que algún día los profesionales del periodismo vuelvan a obtener el prestigio y el favor ciudadanos que llegaron a tener en la época de la Transición , momento en el que la población percibió con mayor claridad y agradecimiento la inmensa labor del colectivo para sentar la democracia en nuestro país después de 40 largos años de dictadura.

Valores como la palabra dada ante la opinión pública, la coherencia entre los planteamientos y los hechos posteriores no parecen tener ya crédito alguno. La mentira es hoy moneda de cambio, no sólo habitual, sino incluso permanente, sin que por ello se pueda pedir explicaciones a quién haya hecho uso de ella impunemente. Sucede ya hasta en sede parlamentaria, sin que por ello la oposición pueda echar mano del desmán para solicitar coherencia entre quienes nos gobiernan y, apelando a su "vergüenza torera", dejen paso a políticos más ejemplares.

Y en eso tiene gran parte de culpa el hecho de no haber sabido desligarse del bombazo constante, de la filtración o las *fake news* lanzados desde las proximidades del poder para intentar permanentemente desviar la mirada de los medios a aquellas miserias de las que avergonzarse y de las que tantos ejemplos estamos viendo en los últimos años. Una mancha con otra mancha se quita, así es que hasta hemos tenido que soportar cómo se lanzan historias que oculten otras historias no precisamente ejemplares. Véanse, si no, y en los últimos meses, cómo se *disparan* botes de humo para eclipsar casos como el del **'Tito Berni'**, a dar más cobertura a las salidas de pata de banco de ministras como **Ione Belarra** o **Irene Montero** para tratar de minimizar el patinazo de la Ley del 'Sólo sí es sí', o hacerse eco de algunas consignas lanzadas miserablemente contra el líder de Vox y su madre por parte de la mismísima secretaria de estado de Igualdad, **Rodríguez Pam**. Y, mientras tanto, el incremento imparable del IPC, el estado preagónico de las arcas de la Seguridad Social, el acoso a las empresas de todo tipo y tamaño, la creciente fiscalidad a ricos y menos ricos, los chanchullos, prevaricaciones y nepotismos en los que se mueven ciertos círculos de poder, se quedan en un segundo término.

Subtitulé el primer volumen de *Sanchismo, mentiras e ingeniería social* como 'Material para la controversia', y aunque en esta nueva entrega que tiene en sus manos, el título anterior ha pasado a subtítulo, el empeño es que esta segunda entrega —con la que espero desmentir aquello de que nunca segundas partes fueron buenas—, sigue siendo el mismo: subrayar la distancia infranqueable entre la palabra y los hechos, desvelar otra vez que no es de recibo hacer de la contradicción permanente la norma de acción política y negar lo evidente contra viento y marea.

Escribo con honestidad, pero eso no siempre lleva consigo la verdad y por eso estoy más que interesado en escuchar ópticas contrarias, puntos de vista incluso opuestos. Lo único que pido es porqués en las afirmaciones, razones que avalen las opiniones vertidas.

Por todo eso, y porque quien esto firma no escribe al dictado de nada ni de nadie, todas estas columnas de opinión aquí reunidas en este segundo tomo de *Sanchismo, mentiras e ingeniería social*, que he dado en titular 'Good bye, Sánchez!', espero que, junto al primero, puedan alcanzar algún valor entre quienes mañana quieran aproximarse a este periodo histórico que, entre todos, hemos bautizado como "sanchismo", para diferenciarlo del clásico socialismo, que hasta la llegada de **Pedro Sánchez** a la secretaría general del PSOE, daba cabida en él a gentes cercanas al centro político e incluso al centro derecha, y en el que ahora no cabe nadie que se atreva a lanzar la más mínima crítica a cuantas doctrinas, pensamientos, declaraciones o documentos, salgan de la boca de líderes o del aparato de propaganda del partido del gobierno que, cuatro años después de haber logrado un pacto con partidos de izquierda radical, pone de nuevo ante el pueblo la posibilidad de seguir gobernando durante cuatro años más. Es éste, el ciudadano, quién con su voto es siempre soberano. Por eso es totalmente cierto que cada país (democrático, al menos), tiene siempre el gobierno que merece.

Desechar lo que alguna vez ha sido bueno, simplemente porque ya está soportando la pátina del tiempo sobre sí, es sencillamente una necedad. Ni lo nuevo es siempre lo mejor, ni lo antiguo ha de ser desechado sistemáticamente. El viejo periodismo, el de siempre, ha dado mucho a los ciudadanos de este país y conviene volver a tomar de nuevo ese camino. Desde la búsqueda de la objetividad, el contraste sistemático de las informaciones, la investigación seria y exhaustiva de asuntos que atañen al bien común, y la expresión libre, independiente, coherente y honesta de las opiniones, es posible la dignificación de un oficio tan crítico para la buena marcha de una nación. Si esto es así, ¿por qué no volver a retomar el rumbo adecuado cuanto antes?

2022

Las tripas del señor presidente

(01/06/ 2022)

A **Pedro Sánchez** le cuesta cada vez más acudir al Congreso a dar explicaciones. Entiende difícilmente que tanto sus opositores como sus teóricos socios y aliados, duden muchas veces de sus decisiones políticas y le afeen la conducta. No le cabe en el caletre de incierto doctor —aunque sea en Economía—, que se dude de sus doctas decisiones.

Y es que tanto los *amigos* como la oposición "olvidan" con extrema facilidad que, lo mismo que el presidente es presidente las 24 horas del día y, por tanto, puede utilizar el Falcon cuando le venga en gana, del mismo modo es doctor desde las 0 hasta las 24 horas y cuanto piense y decida estará siempre impregnado de esa aura doctoral que el común de los mortales —amigos y adversarios incluidos—, no alcanzan a entender en su totalidad, en su inmensa complejidad, muy lejos del entender de quienes no han podido llegar a la cima de tan altas cotas académicas del saber. De ahí que ese sobreesfuerzo del presidente en hacer permanentemente pedagogía política con alumnos tan torpes, le predispongan a pisar el Congreso de los Diputados con menor frecuencia de la deseada.

Véase en esta última semana, si no, el caso *Pegasus* y las escuchas telefónicas a algunos miembros del ejecutivo, empezando por el mismo **Sánchez**, que finalmente ha tenido la feliz idea de contraatacar contra el mismo CNI que, sin comerlo ni beberlo, ha pasado a convertirse en el responsable del fallo garrafal que todos hemos conocido por boca del mismo gobierno, algo inaudito en cualquier otro país que, por lo general, minimiza o desmiente esos posibles fallos de seguridad. Pero, con tal de mantenerse en la Moncloa, poco le importa a **Sánchez** que, con ello, se venga abajo la misma seguridad del estado y se deje con la credibilidad por los suelos a los tres mil agentes de la CIA española, tanto de puertas adentro como de puertas afuera. Y lo ha hecho sin ruborizarse lo más mínimo afirmando que la culpabilidad de esas escuchas telefónicas hay que buscarlas más en el seno del CNI, en el caso de los teléfonos del ejecutivo, y las escuchas a los independentistas catalanes que atribuye al juez encargado del Tribunal Supremo y no a la Comisión Delegada de Asuntos de Inteligencia, que casualmente preside el mismo **Sánchez**.

De ahí la consiguiente y fulminante destitución de **Paz Esteban**, la directora general del Centro Español de Inteligencia, después de dos años al frente del CNI y cuatro décadas de trabajo en la Casa. Había que contentar a los nacionalistas brindándoles en bandeja de plata su cabeza y, de paso, intentar exculparse a sí mismo. El caso es eludir responsabilidades, que en eso no sé cómo no ha obtenido aún algún doctorado *cum laude* el señor presidente, habiendo dado tantas y tan variadas muestras a lo largo de estos últimos tiempos ("a mí que me registren", parece que viene a decir siempre).

Otro tanto puede afirmarse del más que sorprendente indulto a **María Sevilla**, la feminista protegida de **Irene Montero**, condenada por los tribunales a más de dos años de cárcel por haber secuestrado a su propio hijo cuya custodia se la había otorgado al padre un juzgado. Concedido desde el Consejo de Ministros, el episodio es un nuevo revés del gobierno tanto a los jueces como a la legislación penal vigente, que recuerda la arbitrariedad del gobierno en los indultos a los condenados por el *procés* catalán.

O de la aprobación en el Congreso de la ley de Libertad Sexual, también conocida como Ley del 'Sólo sí es sí', esa obsesión abanderada desde el principio de la coalición de gobierno por la ministra de Igualdad que tantos estragos ha hecho, no sólo en las filas del gobierno de coalición con sus colegas socialistas, sino también entre muchas mujeres que tienen unas formas bien distintas, y hasta antitéticas, de entender el feminismo. Y no digamos ya entre las filas del histórico patriarcado —léase el común de los hombres—, que han pasado a ser más culpables que sospechosos en toda relación cuyo consentimiento no acrediten a priori y expresamente con verdad fehaciente que, a partir de ahora, quizás sólo podrá avalar un ilustre notario. O, mejor aún, una ilustre notario, para despejar cualquier atisbo de duda sobre una posible connivencia entre el patriarcado.

No hablemos tampoco del nuevo cambio de postura —si es que alguna vez ha tenido alguna clara—, de los socialistas catalanes capitaneados por **Salvador Illa**, secretario general del PSC, que ahora vuelven a ponerse del lado de los independentistas de la bandera estelada para burlar la sentencia que obliga a la Generalitat a imponer un 25% de clases en castellano. Y, claro está, a aquellos ciudadanos que se atrevan a pensar que este cambio vuelve a ser fruto de la presión constante que ejerce el nacionalismo catalán contra el gobierno para mantenerlo en la Moncloa, volverán a ser tachados de maledicentes, de analfabetos y, si llega el caso, hasta de fascistas, aunque este último término parece que ya va cayendo en desuso entre los defensores sanchistas.

Pero la ristra de episodios sonrojantes de la semana pasada para el común de los ciudadanos españoles no se ha quedado en lo dicho hasta aquí. También pueden añadirse asuntos tan lamentables como el boicot desde el ministerio del Interior de ese acto conjunto de la Policía y la Guardia Civil en homenaje a los agentes que acabaron con ETA; o la incomprensible despenalización de las injurias al Rey o los ultrajes a los símbolos nacionales, apoyados ahora también por un partido que sustenta al gobierno de la nación, teórico garante de esos mismos símbolos cuyo ultraje ahora se despenaliza.

Y lo del Rey, titular de la jefatura del Estado, debe de ser un tema menor porque, ya se sabe, al gobierno no parece que le guste mucho la monarquía y sueña con cambiar esa forma de estado que los españoles se otorgaron con la aprobación de la Constitución de 1978, reconvertida ahora como el pimpampum de nacionalistas, podemitas y socialistas chantajeados. En otras palabras, que para que al señor presidente no se le revuelvan las tripas, no importa que se les revuelvan a los ciudadanos.

Cuatro años después

(02/06/2022)

Cuatro años, cuatro, —junio 2018—, han pasado ya desde que triunfó la moción de censura que **Sánchez** presentó contra **Rajoy** y que siguió adelante frente a todo pronóstico. Y el presidente del gobierno de coalición PSOE-Unidas Podemos, se despierta hoy del paseo triunfal en el que ha convertido su etapa de gobierno —somos los mejores, todos nos envidian—, con el boicot de Podemos a la OTAN. O sea, con una parte del gobierno que es gobierno y oposición dentro de la sala del Consejo de Ministros. La cuadratura del círculo. Por la mañana ponen su firma en ciertos acuerdos que, por la tarde, denuncian en rueda de prensa como si no fuera con ellos. ¡Y no pasa nada, señores, aquí no pasa nada...! Ni el presidente del gobierno los cesa, ni los levantiscos ministros dimiten porque, si no, ¿dónde van a ir que más ganen?

Mal antecedente para que la que, sin duda, va a ser la cumbre más importante de estos 40 años en los que España ha venido formando parte de la Alianza Atlántica, despierte el entusiasmo y la confianza por nuestro país del resto de los países componentes. De **Biden** ni hablemos porque es muy posible que ni siquiera se encuentre con el presidente del país anfitrión más allá de unos cuantos segundos de rigor para hacer la foto protocolaria que —de nuevo y con toda seguridad—, Moncloa presentará como un nuevo encuentro en la cumbre, una conjunción planetaria que une nuevamente a EEUU y a España. Vivir para ver.

Los morados acusan a un gobierno del que ellos mismos forman parte, de adjudicar a dedo los 37 millones que costará la cita atlántica de este mes en nuestro país. Olvidan, claro, que fue en el Consejo de Ministros del 26 de abril pasado, en el que se autorizó a Exteriores a la organización del acto sin que los ministros morados pusieran entonces objeción alguna. Hoy, sin embargo, la coalición de izquierda radical argumenta públicamente que esos millones estarían mucho mejor invertidos en educación y salud. Y, sin embargo, y en plena guerra de Ucrania, aquí al lado, en las mismas fronteras de la UE, no piensan lo mismo —pongamos por caso—, de los aproximadamente 5 000 millones anuales que el ministerio de Igualdad tiene presupuestados para este y los siguientes ejercicios. Todo es cuestión de valores. Y de cinismo, claro. Una materia a la que se ha venido recurriendo día sí, día no, durante estos últimos cuatro años de gobierno **Sánchez**.

La permanente imagen de división interna que, año tras año —recordemos ahora que **Sánchez** "descansó" cuando su vicepresidente primero, **Pablo Iglesias**, dimitió tras el fracaso de su partido en las elecciones autonómicas de Madrid—, ha ido creciendo en el seno del gobierno **Sánchez**. Esa circunstancia no sólo perjudica la imagen del ejecutivo, sino que dificulta enormemente la gobernabilidad del país en un momento de crisis económica profunda y dentro de un contexto de máxima tensión bélica en las mismas puertas de Europa.

Los mensajes antiOTAN de la facción podemita del gobierno y esos alegatos buenistas en pro de una pretendida "Cumbre por la Paz" no son más que la manifestación de apoyo a la figura de **Putin** y el rechazo de la postura y las acciones de la OTAN y de la UE en el conflicto que la invasión rusa ha provocado en Ucrania. ¿Cómo es posible que puedan seguir formando parte del gobierno de un país de la UE personajes como estos? Más aún en un momento tan crítico para toda Europa en donde se hace más necesario que nunca que los estados aporten un porcentaje mayor de su presupuesto en defensa.

Con ministros tan *peculiares* como estos, que actúan a la vez como gobierno y oposición, es imposible mantener la estabilidad que el momento histórico requiere. Y si el presidente no puede proporcionar un mínimo de coherencia y apoyos estables en el gobierno de la nación, su obligación legal y moral es la de convocar cuanto antes nuevas elecciones y que sea de nuevo el ciudadano quién otorgue con su voto la confianza y el apoyo necesarios al líder que considere más adecuado para hacer frente a los tiempos que corren.

Ya sé que nada de esto va a suceder y que, probablemente, **Pedro Sánchez** opte por el camino de la resiliencia, en el que se ha especializado, hasta agotar la legislatura a finales del año que viene. Pero, mientras se pueda, seguiremos ejerciendo la libertad de expresión para denunciar, negro sobre blanco, la incoherencia y las contradicciones de un gobierno que más parece orientar sus políticas al país de las maravillas que al que en realidad le ha tocado en suerte gobernar. A un gobierno que, no sólo mantiene en su seno ministros esperpénticos, sino que, además, permite que partidos que le apoyan desde fuera y que tienen responsabilidades de gobierno, como es el de la Generalitat catalana, gasten en sus embajadas cinco veces más que el presupuesto de la Casa Real, o se salte olímpicamente las sentencias dictadas por el Tribunal Supremo o el Constitucional.

Ministro 'de temporada'

(09/06/2022)

Pedro Garzón, ministro de Consumo, es de los que no da puntadas sin hilo. El caso es destrozar, pasito a paso, nuestra economía productiva e implantar un sistema de subvenciones generalizado que tenga a la población en permanente estado de shock y en dependencia extrema de la administración. Comenzó con aquellos inopinados y extemporáneos ataques al sector del turismo, estando en plena pandemia y más necesitados que nunca de recibir visitantes para reactivar nuestra economía. Prosiguió con una campaña contra el sector cárnico en medios de comunicación extranjeros que obligó, incluso, a **Pedro Sánchez** a salir a la palestra para desautorizarlo al afirmar aquello de que no hay nada mejor que un buen chuletón.

Echó después una manita a su colega de ejecutivo y de coalición, **Irene Montero**, ministra de Igualdad, al acusar al sector juguetero español, en plena campaña de ventas en la Navidad de 2021, como instigador de sexismo a través de una campaña —ahora hemos sabido que costó la *minucia* de unos 100 000€—, en la que los juguetes, puestos en pie de guerra ante los fabricantes, reivindicaban "nuestro derecho a jugar con el 100% de los niños y de las niñas, no con el 50%". ¿Y para eso hacía falta una campaña? Pocos padres habrá aún en España —y eso, si los hay—, que no dejen a sus hijas jugar al fútbol, o a sus hijos a las cocinitas.

Más recientemente, y aún no contento con esas salidas de pata de banco, ha querido también borrar del mapa de la alimentación saludable las verduras de invernadero, indignando así a todo el sector de hortalizas frescas de invernadero al no incluirlas en su acción promocional 'Comer de temporada', que además fue realizada sin conocimiento del ministerio de Agricultura. Contento tiene que tener, además, a su compañero en la mesa del Consejo de Ministros, **Luis Planas**. Y a este paso vamos a ser permanentemente dependientes, ya no sólo de la energía por esa pertinaz e insensata postura gubernamental de no acudir a la nuclear como fuente de energía adicional, al menos mientras duren estas tensiones internacionales que nos están haciendo pagar luz y gas hasta dos o tres veces más caros que el año pasado por estas mismas fechas. Con el trigo, el girasol o la cebada vamos por el mismo camino y, si ahora ya le ponemos palos en las ruedas también a las hortalizas de invernadero, tendremos que acabar por importarlas en lugar de producirlas y entonces seguro que el señor ministro las incluye como 'alimentos de temporada'.

Que en la mesa del Consejo de Ministros hay dos facciones bien distintas y diferenciadas, ya lo sabemos. Que la coordinación y la defensa conjunta de todos los miembros del gobierno de asumir y defender cuantos acuerdos allí se adopten, también sabemos que es una obligación de todos y cada uno de los 22 miembros que lo componen, además del presidente del gobierno. Pero los seis ministros de Unidas Podemos, en general, y muy particularmente **Pedro Garzón** se empeñan en recordarnos cada semana que ellos son allí versos sueltos porque tienen asido a **Pedro Sánchez** por salva sea la parte. Pero ya es hora de que nos ahorren a los ciudadanos espectáculos periódicos tan lamentables como estos que, si a ellos no les avergüenza porque carecen de esa virtud, a los ciudadanos no nos sucede otro tanto.

Hora es ya de que algunos dimitan si tanto les molesta aceptar medidas sobre la mesa del Consejo de Ministros, que luego discuten, cuando no se oponen a ellas, al salir fuera a comentarlas. Y, si por razones obvias, no quieren abandonar la poltrona, que el señor **Sánchez** los destituya de una vez y nos ahorre este cúmulo de impertinencias y de decisiones sin sentido que lo único que hacen es perjudicar gravemente a sectores productivos de nuestro país, mucho más necesarios para el bien común que la existencia de ministros y ministras florero, cuyo exponente más claro es este jovenzuelo marxista leninista de salón que considera tan legítimo lanzar una andanada contra los productores de jamón, como comerse unas cuantas lonchitas producidas por aquellos cuando decide darse un garbeo por la Feria de Sevilla. Y la correspondiente cañita, claro. Cuando no con un par, ¡sí señor!

Haciendo amigos

(16/06/2022)

El afán permanente de **Pedro Sánchez** por eclipsar la figura del jefe del estado español, SM el rey **Felipe VI**, aflora con cada nuevo episodio de política nacional o internacional que puede ser aprovechada por el inquilino de la Moncloa para hacerlo y hacérselo notar. La última ocasión ha sido ese volantazo que ha dado sobre la posición española en torno al Sáhara hace sólo unos meses y sin encomendarse ni a Dios, ni al diablo y, menos aún, a sus socios de gobierno, de legislatura y, muchísimo menos aún, al Partido Popular de **Feijóo**. Y eso que el asunto es de Estado, de esos que conviene consensuar con la mayor parte del arco parlamentario.

Pero, ¿comunicaría **Sánchez** su decisión a **Felipe VI** antes de dirigirse al monarca marroquí, **Mohamed VI**, a través de esa carta que este se apresuró a hacer pública pillando a contrapié tanto al presidente del gobierno español como a su ministro de Asuntos Exteriores, **José Manuel Albares**? La única verdad sobre el tema es que **Sánchez** da la callada por respuesta y, posiblemente, actuase de modo personal y que **Felipe VI** no se enterase del giro de 180 grados dado a la política exterior española sobre el tema del Sáhara tras 50 años sin que la diplomacia española variase un ápice su postura sobre la excolonia, y eso a pesar de los sucesivos gobiernos de UCD, PSOE y PP que han ido ocupando la Moncloa durante estos años.

Claro que nunca antes un presidente de gobierno había sido tan presidente como lo es **Pedro Sánchez**. Ni **Suárez**, ni **Calvo Sotelo**, ni **González**, **Aznar** o **Zapatero** osaron dar un giro tan radical sobre la política exterior española que, además, comporta tantas y tan graves consecuencias geopolíticas, estratégicas, energéticas y económicas como el dado por **Sánchez**. El nuevo rey Sol de la política española se ofende, incluso, cuando la oposición —da igual que sea de derechas que de iz-

26

quierdas—, le pide explicaciones por ese cambio tan radical e inesperado de conceder a Marruecos, sin contrapartida alguna —al menos que sepamos—, la tutela del Sáhara apenas un par de meses después de que, probablemente, fuera la inteligencia de **Mohamed VI** quien accediese a gran parte del contenido del móvil del presidente español.

Luego, **Albares** o **Sánchez**, anticipándose a una cadena posterior de declaraciones de buena parte del resto del gobierno español, se hacen los sorprendidos y hasta los ofendiditos, cuando el presidente de Argelia da un puñetazo sobre la mesa y denuncia el acuerdo de amistad firmado con España aludiendo a ese giro político sobre el Sáhara. Las consecuencias de la decisión de **Sánchez** son incalculables porque, en plena crisis energética mundial como consecuencia de la guerra de Ucrania, el gas argelino es más valioso que nunca y, aunque España tiene firmado con el país norteafricano un contrato de suministro que llega hasta 2032, el precio del gas a suministrar va a sufrir importantes modificaciones de precio que, por supuesto, tendremos que pagar todos los ciudadanos españoles.

La errática gestión del presidente del gobierno español no se limita a sus alianzas políticas —lo mismo alguien se ha olvidado ya de las negativas del entonces candidato a pactar con **Iglesias** y Unidas Podemos para evitar largas noches de insomnio en Moncloa—. Se fueron ampliando después a la alergia a visitar el Congreso de los Diputados para rendir cuentas de sus acciones de gobierno; la utilización abusiva de reales decretos leyes; la variación e inconsistencia de su política sanitaria frente al COVID-19; el indulto a los políticos independentistas catalanes —ahora socios imprescindibles para la gobernabilidad del país—; a su uso arbitrario y caprichoso del Falcon; a enturbiar y oscurecer esa proclamada política de transparencia informativa de la acción de gobierno, o a dar la espalda a la calle porque, en cada salida que ha intentado, se ha encontrado con la manifestación contraria de los ciudadanos en forma de abucheos y gritos de desaprobación de sus políticas.

Ahora, y por si lo anteriormente enumerado, fuera materia banal e inconsistente, a **Pedro Sánchez** no se le ocurre otra cosa que tomar una decisión radical y personalísima sobre un tema esencial de la política exterior española como es el Sáhara. Claro que, como es ya habitual en él, si se trata de capitalizar algún éxito de cualquier orden —la llegada de las vacunas, la entrega teórica de los fondos de la UE, etc.—, se convoca a todos los medios aliados para anunciarlo a bombo y platillo las veces que hagan falta. Por el contrario, si el error es manifiesto, la responsabilidad es del ministro de turno. Que se lo pregunten si no, a **González Laia, Ábalos, Calvo, Illa, Celaá** y algunos otros de sus exministros. Ahora el turno, mucho me temo, le va a tocar a. su ministro de Asuntos Exteriores, **José Manuel Albares**, por mucho que la Constitución de 1978 proclame bien claro que es al presidente del gobierno a quien corresponde marcar la orientación de la brújula de la política exterior española durante todo su mandato.

Sánchez, en fin, parece haberse marcado el objetivo de ir haciendo amigos allá por donde pase. Lo está consiguiendo. Lo que no ha pensado, quizás, es que aquellos que ha ido dejando en la cuneta posiblemente estén aguardando el momento para manifestarle su "agradecimiento". Eso por lo que se refiere a puertas adentro. Los de puertas afuera, como el mismo presidente de Argelia, **Abdelmayid Tebún**, manifiestan su descontento con la celeridad que les parece.

Andalucía, segundo asalto

(17/06/2022)

Desde las primeras elecciones de la etapa democrática española vengo observando con interés creciente y participando religiosamente en todas y cada una de las citas electorales que han ido convocándose año tras año. No me he parado a contarlas, pero son ya unas cuantas. Las suficientes como para acreditar que, invariablemente y hasta la fecha, todos los partidos concurrentes acuden a la cita con la ilusión del vencedor, con el entusiasmo de quién cree a pies juntillas el haber sido capaz de lanzar ideas, propuestas y eslóganes para atraer la atención y el corazón del ciudadano. Luego viene Paco con las rebajas y, como siempre, acaban habiendo vencedores y vencidos o, mejor dicho, triunfadores y perdedores. Los primeros, exultantes, sacan pecho y explican que la cosa no podía acabar de otro modo. Los segundos se esconden detrás de elaboradísimas y vacuas razones que, por no convencer, ni siquiera convencen a sus autores.

Lo que hasta la fecha no había visto es cómo un partido que, además, lo ha sido de gobierno en Andalucía durante cuatro décadas, tira la toalla antes de celebradas las elecciones. Serán el domingo 19 de junio y, varios días antes, oliéndose la posible nueva derrota, el secretario general del partido y presidente del gobierno de España ha alterado su plan inicial de hacer doblete final en Cádiz y Sevilla para estar hoy, viernes, sólo en la capital hispalense cerrando la campaña junto a **Juan Espadas**, el candidato oficial socialista a la Junta andaluza.

Los ministros han bajado también su perfil estos días y han ido esfumándose en esta última semana de campaña, a excepción de **Calviño** y **María Jesús Montero**, para dejar paso a líderes del partido como **Zapatero** o **Lambán** reivindicando el pasado glorioso de los expresidentes andaluces, de **Rafael Escuredo** a **Susana Díaz**, y hasta de los presidentes condenados por el caso de los ERE **Chaves** y **Griñán**.

Parece que los "trackings" internos del PSOE no les auguran un resultado muy brillante y, desde luego, se darían con un canto en los dientes si alcanzaran los 33 diputados que obtuvo en las últimas elecciones la defenestrada **Susana Díaz**. Por el contrario, sus datos internos apuntan a que el resultado estará más cerca de obtener 28 o 30 diputados, mientras que **Juanma Moreno**, el candidato del PP y actual presidente de la Junta andaluza, estaría próximo a los 50 escaños.

Cuando **Susana Díaz** ganó las elecciones autonómicas andaluzas en 2018, obtuvo 33 escaños y, aunque el PSOE fue el partido más votado, la coalición de PP y Ciudadanos —**Moreno** y **Marín**—, acabaron con 40 años de hegemonía socialista en la región. Tres años le han bastado a la coalición para dar la vuelta a los indicadores económicos de la región y situarla como una de las más dinámicas de España —ya por encima de Cataluña y próxima a Madrid—, un aspecto que los andaluces han percibido nítidamente cuando parece que han cambiado su tendencia en el voto.

Se diga lo que se diga después públicamente —los *relatos* de los partidos, siempre ahormando la realidad a sus conveniencias, son verdaderamente curiosos—, lo cierto es que estas elecciones, como lo fueron también las del año pasado en la Comunidad de Madrid con esa victoria incontestable de **Isabel Díaz Ayuso**, que aglutinó en torno a su figura más votos que toda la izquierda de la región junta, marcará el inicio de un nuevo ciclo político que nos llevará hasta las elecciones generales. Si, como apuntan las proyecciones estadísticas de las empresas consultoras y los propios "trackings" de los partidos políticos, las de Andalucía suponen una segunda debacle electoral, las cosas no pintarían nada bien para el futuro político de **Pedro Sánchez**.

Pero una cosa son las elucubraciones y análisis previos, de partidos, columnistas y medios de comunicación, y otra y definitiva el voto ciudadano. A eso es a lo que hay que animar a todos los andaluces, a que acudan a votar en masa para confirmar o desmentir con su papeleta el futuro inmediato que mar-

can las encuestas electorales en Andalucía. Esa es la única que
vale de verdad.

Non plus, Oltra

(18/06/2022)

Eso de la "superioridad moral" de la izquierda no es coña, no es tampoco un bulo, es una verdad constatable cada vez que algún affaire toca de lleno a cualquiera de sus líderes. El último, la imputación de la vicepresidenta y Portavoz del Gobierno valenciano, **Mónica Oltra**, que es también el alter ego en Valencia de la vicepresidenta mayor del reino, **Yolanda Díaz**, a quien este asunto le ha pillado con el pie cambiado y la sonrisa congelada porque, al menos hasta la hora de escribir estas líneas, aún no ha dicho ni esta boca es mía sobre el particular.

Tiene gracia —si no miga—, ver cómo los líderes y las lideresas de la izquierda clásica o de esta nueva izquierda *guay* y *caviar* esconden la cabeza bajo el ala cuando se les pregunta sobre su postura frente a hechos de tanta responsabilidad política como el encubrimiento de los abusos sexuales cometidos por el entonces marido de **Mónica Oltra** contra una menor tutelada. Aún resuenan las palabras de la vicepresidenta en contra del entonces presidente de la Generalitat valenciana, **Francisco Camps**, por una acusación de corrupción vinculada al caso Gürtel, al atribuírsele haber pagado con fondos públicos varios trajes. Que yo sepa, el señor **Camps** fue absuelto y, sin embargo, dimitió.

Lo curioso es que en todos los códigos éticos o de conducta de partidos de derechas y de izquierdas aparece bien subrayado y *en rojo* la exigencia, la obligación de dimitir cuando alguno de sus cargos es imputado judicialmente —investigado, se dice ahora—. Es lógico porque, de no ser así, una posible condena posterior no se quedaría en el imputado o imputada, sino que alcanzaría también y de lleno al mismo partido. Por eso, llegado a este punto, lo mejor es dimitir, como la misma señora **Oltra** exigía a miembros de la Generalitat valenciana cuando ella estaba en la oposición hace ya unos 10 años.

De todas formas, independientemente del sentido de la sentencia que, en su día, dicte el Tribunal Superior de Justicia de la Comunidad Valenciana, la cabeza de **Oltra** huele a pólvora desde el mismo momento en que la opinión pública ha sabido de su participación en diversas actuaciones contra la menor abusada urdidas desde la misma consejería dirigida por la política de Compromís —lo dice la Fiscalía y lo dice el juez, no nosotros—, orientadas a desacreditar la versión de la menor con objeto de tapar el abuso del que entonces seguía siendo su marido, o para proteger su propia trayectoria política al frente de Compromís.

Flaco favor hace **Mónica Oltra** a su presidente, **Ximo Puig**, que estos días anda poniéndose de perfil, al más puro estilo sanchista ("a mí que me registren…"), y recurriendo a los típicos y tópicos argumentos del sumo respeto a la Justicia, de tener paciencia y dejar a los jueces que hagan su trabajo, y bla, bla, bla… Respeto sí, sobre todo si las sentencias de los tribunales son las que les favorecen políticamente porque cuando sucede lo contrario —véase la sentencia contundente dictada por el Tribunal Supremo contra los golpistas catalanes—, las autoridades políticas correspondientes hacen el pino puente, si es necesario, para darle la vuelta a la misma y acabar saliéndose con la suya.

Tampoco el señor **Puig** está en disposición de quitarse de en medio a su vicepresidenta porque Compromís lo tiene cogido por semejante parte para poder mantenerse en la presidencia del gobierno valenciano. Y, además, no corren buenos tiempos tampoco para **Puig**, acorralado como está ante los indicios claros de favorecer a su propio hermano en negocios vinculados a la Generalitat, por un lado, y a un nuevo caso —el enésimo ya—, de financiación ilegal del Partido Socialista Valenciano. En sentido contrario puede decirse lo mismo porque son más de 100 los altos cargos de Compromís colocados en la Generalitat. Eso es lo que se dice verdadero *equilibrio de poder*.

Aun así, no está de más recordarle tanto a **Puig** como a **Oltra** —léase Partido Socialista y Compromís—, que las elecciones autonómicas y municipales son el año que viene y el estallido de cualquiera de los tres reveses —si es que no los tres juntos—, van a restar muchos votos a sus agrupaciones políticas respectivas que, probablemente, no les dejará revalidar su permanencia al frente de la Generalitat.

Lo que está claro es que aquí nadie se aplica el cuento a sí mismo que, por otra parte, exige con la misma vehemencia que convicción cuando se trata de pedirlo al adversario político. Y es que —al menos en el caso que nos ocupa—, no es lo mismo decir "non plus ultra" que "non plus, **Oltra**". La vicepresidenta valenciana no dimitirá fácilmente, volverá a hacer una interpretación más que favorable a su persona de la supuesta ética política y volverá al fantasma de la extrema derecha y todo eso para justificar su inamovible postura. Pero vamos a ver si **Díaz**, la suprema lideresa de la izquierda *guay* acaba diciéndoselo a su compañera y amiga, sea ya por razones éticas o de conveniencia política para esa nueva plataforma de izquierdas que está intentando lanzar estos meses. A nosotros nos corresponde únicamente señalar las deficiencias del sistema y de quienes lo usan y lo manipulan a conveniencia. Y también, claro, esperar pacientemente a ver desfilar sus cadáveres políticos cuando sus contradicciones sean ya más que insostenibles.

Baño de realidad

(22/06/2022)

Una de las características —quizás la principal—, de los dirigentes fantasiosos es la de confundir realidad y deseos. El pueblo, según ellos, sólo acierta cuando al votar respalda su propuesta política. Ahora bien, si la voz de las urnas, por muy clara que sea, apunta en dirección contraria a la del líder fantasioso, entonces es el pueblo quién no ha acabado de entender su mensaje, sus propuestas o sus políticas. ¡Cómo no!, ¡El líder nunca se equivoca! Es el ciudadano, voluble, inconsistente y fugaz quien no acaba de estar nunca a la altura de las circunstancias históricas que le han tocado vivir.

No es extraño, pues, que incluso en circunstancias tan claras como las resultantes en Andalucía tras la votación del pasado domingo, 19 de junio, las formaciones políticas que han visto caer estrepitosamente sus expectativas electorales, se resistan a ver la realidad contundente de las cifras —votos y escaños son aquí los únicos datos objetivos—, y a la hora de salir a interpretar públicamente lo que ha votado el pueblo, se pongan a elucubrar sobre asuntos varios que, a la postre, lo único que encierran es su frustración, su rabia y su desprecio al pueblo que, como no les ha votado, ha dado una muestra incuestionable de inmadurez y miopía políticas.

Por ahí iban los tiros en las interpretaciones de **Lastra** y demás portavoces del partido del gobierno y de sus coaligados que habitan un espacio aún más a la izquierda. Todo con tal de no reconocer que el pueblo ha dado al presidente **Sánchez** una patada en el culo de **Juan Espadas** y que aquí sólo ha habido un vencedor incuestionable, **Juanma Moreno**, que ha llegado a los 58 escaños ante la mirada perpleja e incrédula de toda la izquierda andaluza, que ha sufrido el mayor retroceso en toda la historia de la democracia. Todo lo demás es autoengaño y tiritas para intentar cortar una realidad que habla por sí sola y con una claridad meridiana.

Intentar ahora desligar el resultado de las votaciones en Andalucía —del mismo modo que las anteriores en Castilla-León, Galicia o Madrid—, es ponerse una venda en los ojos para no ver una realidad que duele al partido del gobierno de la nación porque le es abiertamente adversa. Sus constantes divisiones frente a temas clave; el permanente sectarismo de sus acuerdos y decisiones que, al menos, están dirigidos contra media España; su manifiesta incompetencia a la hora de atajar la crisis económica, inflacionaria y energética; sus acuerdos con partidos nacionalistas y abiertamente antiespañoles y un sinfín de cuestiones más, es evidente que han ido influyendo en el cambio profundo de postura de los electores gallegos, castellanos, madrileños o andaluces que, si en un momento dado, han prestado su apoyo al PSOE de **Sánchez**, su andadura errática, soberbia y triunfalista, ahora no gusta a esos mismos ciudadanos y, en consecuencia, le retiran ese apoyo en favor de otros dirigentes que, hoy por hoy, les parecen más fiables y moderados.

Porque, se diga lo que se diga, la batalla política española, tanto en las elecciones generales como en las autonómicas —en las municipales mucho menos porque ahí cuentan más los nombres de proximidad—, se libra fundamentalmente por atraer a los ciudadanos que buscan el centro político. Administrar ese voto después es ya harina de otro costal. Ahora hay que decírselo a **Sánchez**, que engañó clamorosamente a sus electores (no pactaré con **Iglesias;** no me apoyaré en formaciones como Bildu; si no hay arrepentimiento entre los presos de ETA no habrá generosidad con ellos, etc.), como en las filas de Ciudadanos habrían debido escucharlo también a su tiempo tanto **Rivera** como **Arrimadas**. Ahora creo que ya es tarde, tanto para uno como para otros, porque a menos de un año de volver a convocar elecciones autonómicas en las demarcaciones restantes —por cierto, en buena parte gobernadas por socialistas—, y a año y medio de las generales, la tendencia marca una posible debacle para **Sánchez** y el PSOE, sobre todo si las bases del partido no son capaces de provocar la autocrítica entre las élites dirigentes y, paralelamente, la consiguiente reconducción de sus políticas.

Cada vez hay menos tiempo para que todo esto pueda producirse. Y la soberbia y la prepotencia son muy malas aliadas para el cambio de rumbo. Al final, y como siempre, en la base de todo está esa tendencia del político iluso en no querer ver la realidad. Luego, claro está, en el pecado va la penitencia.

Silencios que hablan

(23/06/2022)

Quienes asistimos con frecuencia al teatro, acudimos a escuchar una conferencia o degustamos la lectura en voz alta de textos escritos para la ocasión sabemos que tan importantes como las palabras son los silencios. Las unas no alcanzarían nunca su significado pleno, último, sin los otros, los necesarios y, a veces, difíciles silencios. Estos siempre están al servicio de aquéllas, las remarcan, las engrandecen y les dan el justo acomodo y significado.

Pero no es de ese tipo de silencios del que queremos hablar hoy, sino de esos otros que envilecen. El de la ministra de Igualdad y las demás ministras guay que forman parte del gobierno **Sánchez** es uno de ellos. Hablo, por supuesto, de ese silencio escandaloso de **Irene Montero** y de las demás señoras ministras que pone al descubierto su falta de solidaridad y compromiso, de gallardía y de empatía mínimas que hay que mostrar con la denunciante, no con la imputada, no con la ya exvicepresidenta del gobierno valenciano, **Mónica Oltra**, sino con la víctima causante de su dimisión, a saber, la menor tutelada que fue agredida reiteradamente por el entonces marido de la política de Compromís y hasta ahora firme baluarte de ese nuevo movimiento de izquierda radical que quiere gestar en torno a su figura **Yolanda Díaz**. El comienzo del nuevo movimiento político no puede ser peor.

Y en su adiós del martes pasado a la vicepresidencia y al escaño en las Cortes valencianas, la señora **Oltra** —voz quebrada, lágrimas aflorando, alma ofendida—, lanzó reproches para los poderosos, la ultraderecha, los medios y, aunque no lo explicitó, supongo que también contra **Ximo Puig** que fue quién, en última instancia, la puso entre la espada y la pared de la dimisión. Esos reproches, sin embargo, no alcanzaron a su exmarido por abusar de una menor, que la exvicepresidenta trató de encubrir, según las acusaciones del juez y de la fiscalía.

Posiblemente forzada por su propio partido y, desde luego, un minuto antes de que el propio **Puig** la destituyese —ya se ha visto que, por encima del servicio al pueblo, la defensa del débil y todo eso que queda tan bien predicar—, la activista valenciana esperó hasta el último segundo para bajarse del carro del poder y la poltrona. Y además con ese final de opereta que sucedía —recordémoslo porque aquí todo se olvida como se va el humo de un cigarrillo—, tras el fiestorro particular que le montaron algunos de sus adeptos apenas 48 horas antes del anuncio de su dimisión, y en el que la feminista y amiga de **Díaz**, enfundada en un atuendo naranja, bailaba como si no hubiera ya un mañana. Y así era, tenía toda la razón: mañana sí, pero un pasado mañana, no. Demasiado tarde ya, y peor aún, dejando la dignidad de todo servidor público aparcada ahí al lado por si otro pasado mañana aún hubiera oportunidad de subirse de nuevo al carro de la política, si es que a esas alturas aún queda algún compañero de hoy que quiera reconocer que algún día lo fue de **Oltra**. La política, muchas veces, es así de navajera, de fría, de despreciable.

Lo peor, sin embargo, es que nadie del ministerio de Igualdad haya salido a la palestra pública a defender a la entonces niña —hoy mujer—, agredida sexualmente. Con esta actitud queda ya patentemente demostrado —si es que aún hacía falta para algunos—, que hay dos tipos de mujeres. Las nuestras, es decir, las que podemos aprovechar para nuestros fines políticos de superizquierdas y superfeminismo, y luego están las demás, las que son de extrema derecha, fascistas y cómplices del heteropatriarcado que —en el fondo, y aunque no nos atrevamos a decirlo explícitamente—, se lo merecen.

Señora **Montero**, ¿dónde están las voces feministas del "hermana, yo sí te creo", o las de 'Sólo sí es sí'? Hay silencios que llegan más allá de los gritos más altos. Hay silencios que retratan a unos y que avergüenzan a todos los demás, o sea, a la inmensa mayoría de gente decente que, afortunadamente, todavía queda entre los españoles de uno y otro sexo, o de uno y otro género, como le gusta decir a usted. Está claro que algunas menores abusadas no merecen, ni merecerán nunca, el apoyo de la ministra de Igualdad.

Nervios en Moncloa

(26/06/2022)

Faltó tiempo a los portavoces del PSOE —muchas veces más "portacoces" que otra cosa—, tras los malos resultados para el partido de las elecciones andaluzas, para proclamar contra viento y marea que lo vivido en tierras del Guadalquivir no era, ni mucho menos, extrapolable al resto de la geografía electoral española. Pero el nerviosismo de Ferraz se trasladó también a Moncloa, aunque esta optara por el silencio valorativo inicial. No hay más que observar la hiperactividad política y legislativa que se ha generado días después en el seno del gobierno y que, de alguna manera, trata de contrarrestar lo que ya parece incontestable, que este es el principio del fin del ciclo político sanchista.

Cuando uno se pone nervioso ya no repara nada en las formas. Aquí lo que interesa es el fondo, y dentro del fondo, los objetivos prioritarios marcados que, para el sanchismo, no son otros que controlar de arriba abajo todas las instituciones del estado y que así nadie se mueva si es que no quiere ser alcanzado por alguna medida del todopoderoso, del gran hermano, de quién todo lo ve, todo lo oye y, por ende, siempre actúa en consecuencia para castigar a los díscolos, a aquellos organismos, funcionarios, medios o ciudadanos que aún están lejos de entender, primero, y de loar después, las siempre beneméritas acciones de gobierno de **Pedro Sánchez**.

En efecto, la semana posterior al desenlace de las elecciones andaluzas, el gobierno ha dado los pasos necesarios (transitando incluso por la puerta de atrás), para buscar de una vez la mayoría en el Tribunal Constitucional y así asegurarse la viabilidad de las leyes más polémicas y sectarias surgidas desde la mesa del Consejo de Ministros con el apoyo de nacionalistas catalanes y separatistas proetarras. Pero también para hacerse con la presidencia de INDRA, empresa participada por la SEPI, cueste lo que cueste la jugada gubernamental —que se lo pregunten si no a los accionistas de la empresa que han perdido más de 250 millones de euros, un 20% en un solo día, tras hundirse en bolsa—. Y después de haber recurrido a todo tipo de subterfugios y engaños en el seno del consejo de administración de esa empresa que es capital en el tema de seguridad informática, y en la infraestructura informática para el recuento de los votos en los procesos electorales.

Y la cosa no ha quedado ahí en esta semana de hiperactividad controladora y legislativa porque la larga mano de Moncloa ha llegado también al INE (Instituto Nacional de Estadística), organismo que ha osado reincidir durante estos años en la senda de la objetividad para dar a la luz pública datos sobre el comportamiento del PIB, o sobre la evolución del precio de la luz. Explicaciones que nunca han satisfecho a los ministros económicos, encabezados por **Nadia Calviño**, así es que le han cortado la cabeza al presidente del organismo público por seguir incidiendo en abortar el optimismo del gobierno. Un optimismo, por cierto, no compartido ni por empresarios ni por centros de estudios económicos de gran solvencia (BBVA, Colegio de Economistas, etc.).

Maniatada ya también la CNMC, el próximo bastión a batir por el gobierno será, sin duda, el Banco de España, uno de los pocos organismos todavía independientes, por su férrea y tozuda defensa del sentido común en materia económica y monetaria cuando, informe tras informe, aboga por pedir un pacto de rentas para pensionistas y funcionarios desaconsejando que sus prestaciones y sueldos vayan a ser revalorizados con la inflación, que actualmente ronda el 9%. Y es que al gobierno **Sánchez** no le gustan nada los mensajeros que portan noticias negras o malos augurios. Ya desde tiempos del todopoderoso **Iván Redondo**, la Moncloa adoptó el camino de la propaganda, siempre trufada de mentiras o medias verdades —no sé qué es peor—, y la única realidad que admiten es la oficial, siempre llena de luz y de esperanza. Si alguien osa contradecir esas "verdades" públicas, ya sabe cuál será su inmediato destino: la defenestración, el ostracismo y el desprestigio.

Porque aquí parece que no hacen falta medidas de ajuste, de apretarse el cinturón, de contención del gasto, empezando por el sector público, por supuesto, y todo se arregla con dádivas que, teóricamente, están encaminadas a contener la inflación, y en la subida de impuestos, sobre todo a las empresas energéticas, que el gobierno presenta como las causantes principales del incremento de los precios.

No creo que se hayan parado a pensar por un momento que lo mismo es su propia imprevisión, incompetencia e ineficacia. Seguro que, un día de estos, vuelven a sacar a **Franco** de la tumba para justificar el mal agüero de su alargada sombra. Historias todas que ya no se creen los españoles de a pie. El resistente inquilino de la Moncloa podrá volver a comprobarlo dentro de año y medio, en la próxima convocatoria de elecciones generales, tiempo suficiente para dejar la economía patria como un erial, aunque seguro que todavía sus departamentos de propaganda seguirán presentando como el más brillante espejo en donde se mira toda Europa. Lo que no dicen es que es para hacer exactamente lo contrario.

Pedro y la ciudadanía

(29/06/2022)

El sábado pasado, el último de junio de 2022, tras el Consejo de Ministros extraordinario que aprobaba 9 000 millones de euros en ayudas sociales de más que dudosa efectividad contra la inflación que nos invade, **Sánchez** quiso salir a la palestra para explicar el alcance de las generosas medidas. Lo hizo en la rueda de prensa posterior, y en ella el presidente se quejaba de la desafección de ciertas "terminales mediáticas". De las pocas que quedan en el universo mediático español, querría decir, porque la gran mayoría de televisiones, radios y periódicos —comenzando por los más influyentes, *El País* o *La Vanguardia*—, apoyan al gobierno con pleitesía y rendidos cabezazos de saludo a cada nueva ocurrencia de *Su Sanchidad*, como ya se tilda a alguien que pretende hacer de sus decisiones materia política infalible.

Tengo para mí que estos medios se han contagiado inevitablemente de ese optimismo propagandístico, impostado y falso que viene acuñando el gobierno **Sánchez** desde sus comienzos y que pretende hacer que los ciudadanos comulguemos con ruedas de molino. Se dice, por ejemplo, desde Moncloa —y, por supuesto, se replica desde los medios gubernamentales—, que todo va bien, que la inflación es pasajera y que, hombre, que la cosa no es para tanto y, además, ni siquiera es achacable a la mala gestión del ejecutivo, que quien la ha liado de verdad es **Putin**. Y es que, claro, el gobierno cree que la gente está desmemoriada y que no recuerda ya que la cifra de inflación estaba apuntando maneras de récord histórico en España meses antes de iniciada la invasión rusa de Ucrania. O que la subida del pan, de la fruta, la carne, el pescado, la luz, la gasolina, la ropa, el café y las cañas, el precio de los transportes, la hostelería y el turismo —pongamos por caso—, no son más que visiones borrosas de quien está en duermevela... ¡Ya, duermevela, sí...! No es sueño sino la más dura y cruda de las realidades del día a día.

Pero la clase que nos gobierna está cada vez más alejada de la realidad del españolito de a pie. La inflación no ha llegado, por ejemplo, al Congreso de los Diputados, cuya presidenta, **Meritxel Batet**, acaba de adquirir 17 Audis por un millón de euros. Y eso es casi las migajas del gasto en viajes y dietas que, anualmente, asciende a la nada despreciable cifra de 24 millones de euros. Podrá argumentarse que eso es una minucia comparada con los miles de millones que se manejan en los Presupuestos Generales del Estado (PGE). Es así, pero es que no hemos visto todavía, y ya va siendo hora de que se vea, cómo las instituciones públicas, comenzando por todos y cada uno de los ministerios que forman el gobierno, comienzan a atarse de una vez el cinturón, a dejar de afrontar gastos millonarios cuando el ciudadano medio ve cómo disminuyen el valor de sus ahorros, o su capacidad adquisitiva porque su sueldo alcanza un 10 por ciento menos que el año pasado. Y eso en el caso de los agraciados que aún conservan su puesto de trabajo, porque aquellos que engrosan la bolsa del desempleo no pueden llegar ni a mediados de mes.

Tengo también para mí que este tipo de decisiones gubernamentales suponen para nuestro presidente del gobierno una losa pesadísima de tedio que aborda porque no tiene más remedio y que, a pesar de todo, cada vez le parecen más aburridas e ingratas, aunque el pueblo acabe midiéndolo por sus aciertos o sus errores que, a juzgar por las respuestas en las urnas (Galicia, Madrid, Castilla—León o Andalucía), andan más cerca de los segundos que de los primeros.

A *Su Sanchidad* lo que le gusta de verdad es la política internacional, esa en la que tiene que lidiar y codearse con —pongamos por caso—, figuras de la talla de **Biden**, **Von der Leyen**, **Mohamed VI**, **Stoltenberg**, **Macron**, **Johnson**, **Erdogan**, **Zelenski** o **Xi Jin Ping**. Y, mira por dónde, en eso no se diferencia absolutamente nada de sus antecesores en el sillón de la Moncloa porque todos ellos, sin excepción, a medida que iban provocando la desafección de los ciudadanos, sólo franqueaban sus muros para ocuparse de la política exterior.

Y, cuando no tiene más remedio que pensar también en lo que ocurre de fronteras adentro, lo que ha ideado es un siniestro plan para maniatar a organismos, instituciones y empresas que le resultan odiosas por su contumacia en querer defender su independencia y en no reconocer en el presidente y su casi regia voluntad —espero que **Sánchez** sabrá perdonarme el adjetivo de resonancias monárquicas que utilizo—, la norma que debiera regir sus trabajos y voluntades. Y, así las cosas, en estos últimos días, ha pisado el acelerador para acallar o encauzar como merecen a las voces cantantes del INE, INDRA, el CGPJ y el TC, la CNMV, el CSIC, como ya había hecho mucho antes con el CIS, el BOE, el Tribunal de Cuentas y un largo etcétera, como intentó también hacer —aunque esto último con menor habilidad y consecuencias—, en el Tribunal Supremo que, incluso, se atrevió a condenar a los golpistas catalanes. Y entonces, no podía ser de otra manera, la soberbia presidencial no dudó un momento en darles en la boca con un indulto general que dejó al Alto Tribunal totalmente pasmado.

Y en este entretanto, andan los estudiosos de Moncloa —ya se sabe que son legión porque **Sánchez** no repara en gastos para colocar a los amiguetes del partido—, estudiando la razón por la que todavía hay voces en los medios y, sobre todo, en los votantes, que no alcanzan a entender la causa por la cual todavía siguen censurando a su jefe.

Hoy, que me siento magnánimo, voy a apuntarles algunas cosillas en las que lo mismo son los únicos que no han reparado para ver en ellas esa posible razón. Fíjense, si no, en la riada de mentiras, en sus constantes contradicciones —lo mismo da que diga digo o que diga Diego porque **Sánchez** defiende públicamente y al tiempo una cosa y la contraria—, en sus amigos de travesía buscados en lo mejor de lo mejor de los mayores enemigos de la nación española (independentistas catalanes y vascos), y en esa afición desmedida a la utilización de los decretos leyes que ya le han convertido en el campeón de todos los presidentes del gobierno español del periodo democrático en la utilización de este resorte legal.

El problema es que lo mismo ya es demasiado tarde —nos queda sólo año y medio de legislatura—, para cambiar esos modos. Ya nadie lo cree, diga una cosa o la contraria. No debiera extrañar, pues, a sus estudiosos adláteres que quién siembra vientos recoge tempestades.

Democracia, poder y contrapoderes

(01/07/2022)

Volvemos sobre el tema y, con esta, ya van tres columnas de opinión abundando en el mismo aspecto del ya preocupante devenir político nacional, el deterioro democrático que se está produciendo en España al ir eliminando contrapesos, contrapoderes que, cada uno desde su ámbito respectivo, fiscalicen la acción del gobierno y den a los ciudadanos una visión profesional y lo más objetiva posible de la realidad que está atravesando el país.

Este me parece hoy el asunto más delicado de cuantos nos ocupan ahora en España. Y fíjese que no nos faltan: la inquietante situación mundial a que nos ha abocado **Vladimir Putin** y que la asamblea de la OTAN que estos días se ha celebrado en Madrid —ya volveremos sobre ella, pero, por el momento y sin que sirva de precedente, le damos un notable alto al gobierno **Sánchez**—, ha puesto en guardia a todo Occidente sobre el gravísimo momento que atravesamos. Pero a esto hay que añadirle otras durísimas realidades patrias. Véase, por ejemplo, el estancamiento del crecimiento económico —el PIB del primer trimestre, se ha quedado en el 0,2%—, o la inflación, que ya ha escalado el 10,2% interanual. Eso significa que, más temprano que tarde, los recortes van a llegarnos inevitablemente, quizás a partir del otoño, y todos vamos a pasarlo aún peor.

Con todo, este paulatino e implacable retroceso en la transparencia e independencia de un rosario de organismos e instituciones democráticas clave en el devenir de la cosa pública es más que preocupante. Los miles y miles de venezolanos que han tenido que salir huyendo por pies de su país como consecuencia de las arbitrariedades de los gobiernos de **Chaves** y de **Maduro** que con tan buenos ojos es mirado por una parte del gobierno y tan efusivamente defendido por el expresidente **Zapatero**, puede darnos una buena pauta de dónde podríamos desembocar si no se para, desde ya mismo, esta deriva cada vez más abiertamente antidemocrática del gobierno **Sánchez**, ejecutada desde hace más de dos años de forma absolutamente arbitraria y descarada.

Conviene volver a recordar que la mano del ejecutivo ha entrado y sigue entrando de lleno, de frente y sin ambages de ningún tipo, en instituciones como la Fiscalía General del Estado ("¿…de quién depende la Fiscalía, ¡eh!, de quién depende?", preguntaba **Sánchez** a un periodista de RNE cuando este lo entrevistaba sobre el nombramiento de la exministra **Delgado** al frente del organismo en la radio pública), el CIS, el CNI, RTVE, Correos, la Abogacía del Estado, INDRA, el INE, el CSIC, el aparato de la Justicia (el Consejo General del Poder Judicial, el Tribunal Constitucional…), entre otras instituciones que, incluso y en la época del confinamiento, llegaron a afectar hasta a la actividad del Congreso y del Senado. Intentar hacer creer a la opinión pública que todos estos pasos dirigidos a controlar todos los institutos y organismos citados es una deriva inocente y angelical es tener en muy mal concepto la inteligencia del ciudadano español.

No es descabellado afirmar que todo parece dirigido a manipular, a maquillar o a esconder una realidad social, política y económica española que cada vez está más deteriorada y que, únicamente, esa adulteración de datos y de análisis podría intentar edulcorar una realidad que, pese a quien pese, a cualquiera nos va a resultar muy difícil aceptar. Los hechos, las cifras, la experiencia propia y ajena están ahí, golpeándonos cada día como para que lleguemos a aceptar en algún momento que "el rey está desnudo", como nos enseñaba la fábula clásica.

No son los intereses y necesidades de un gobierno, de un partido, o de una parte de la sociedad española los principios que deben de regir la acción de un ejecutivo democráticamente constituido sino el de velar por todos y cada uno de los ciudadanos. Y tanto afán por controlar y dirigir la acción de empresas, estamentos e instituciones hasta ahora independientes, no pueden tener otro objetivo que el de tratar de que todos ellos acallen sus estudios, sus cifras o sus análisis si están en contra de la imagen que el gobierno quiere proyectar a la opinión pública en cada momento.

A todo eso se llama intentar anular los contrapoderes, absolutamente necesarios para que la acción del gobierno siga estando sometida a los datos objetivos y no al capricho de un ejecutivo que parece estar más preocupado por su permanencia que por abordar los verdaderos problemas ciudadanos, cada vez más dolorosos, complejos y adversos en todos los sentidos.

OTAN. Se acabó la fiesta

(02/07/2022)

Meses previos de preparación y miles de policías, soldados y funcionarios trabajando para preparar hasta el más mínimo detalle del desarrollo de la cumbre, y unos 40 millones de euros —es la cifra que se ha barajado en los medios—, para que presidentes de estado y jefes de gobierno de los 30 aliados a la OTAN y los de los países asociados, se hayan sentido en Madrid como en su propio país, o casi. El resultado ha sido excelente gracias a que, por una vez y sin que sirva de precedente, gobierno de la nación, CAM y Ayuntamiento de Madrid han colaborado empujando en la misma dirección y en el mismo sentido. O sea, que cuando se quiere se puede...

El balance de la cumbre ha sido calificado como "histórico" por la mayor parte de los jefes de las delegaciones respectivas y todos han manifestado expresamente también su satisfacción por una perfecta organización. La marca España, pues, ha vuelto a ganar varios enteros y, por cierto, una buena parte de ellos se les deben a los buenos oficios de SS. MM. los Reyes de España, **Felipe VI** y **Doña Leticia**, envidiables anfitriones de la cumbre, dentro y fuera de las salas y salones de reuniones.

Europa ya ha asumido que los tiempos de paz y prosperidad han terminado como consecuencia de una guerra iniciada por el presidente de Rusia, **Vladimir Putin**, contra uno de los países asociados y antiguo aspirante a formar parte de la Organización Atlántica, Ucrania. Y lo paradójico es que esa guerra que se libra en el flanco oriental del viejo continente desde febrero de este año, se hace con la Federación Rusa que, hasta esta cumbre figuraba como socio estratégico según se acuñó en la cumbre de Lisboa (2010).

Y, como no hay más remedio que hacer de la necesidad virtud, al menos la invasión rusa ha propiciado una mayor cohesión de los países integrantes de la OTAN, los ha obligado a redefinir muy claramente sus objetivos y ha fortalecido la Alianza. Vienen tiempos inciertos y escabrosos y, para hacer frente a ellos, no queda otra que armarse de razones, de valores y de nuevo y cada vez más sofisticado armamento. Así lo ha entendido también el presidente del gobierno de España, **Pedro Sánchez**, que ha admitido ante **Joe Biden** y **Jens Stoltenberg**, una implicación mayor de nuestro país a través de la utilización más intensiva de la base norteamericana de Rota admitiendo dos destructores más de la Armada de Estados Unidos en España —ya serán seis—, y a duplicar el presupuesto de Defensa en los próximos siete años.

Bienvenido sea el cambio de postura del jefe del ejecutivo español que ha pasado de declarar públicamente, al principio de su mandato, su voluntad de eliminar el ministerio de Defensa, a duplicarle su presupuesto en ese horizonte próximo.

Los ciudadanos madrileños, que han acogido con un envidiable estoicismo las restricciones de tráfico y de tránsito en buena parte del meollo central de la capital, pueden ya recuperar sus rincones y avenidas; los indigentes volverán a ocupar los soportales de la Plaza Mayor y los bancos de la de Isabel II; descuideros, carteristas y camellos tienen de nuevo el campo libre para desarrollar sus cotidianas e ilegales actividades.

En fin, que todos volveremos otra vez a la normalidad de los precios por las nubes, la mengua de vértigo de los pocos ahorros acumulados en la época de confinamiento, y la extensión de la pobreza generalizada e imparable entre capas sociales cada vez más amplias, y a contemplar con la misma perplejidad que dolor como en este país no se puede llegar ni a un solo acuerdo incluso dentro del mismo gobierno de la nación.

Lo mismito, lo mismito que cuando uno acude a la boda de la hija del amigo. De pronto todo son sonrisas, parabienes, copas, baile y felicidad. Pero, apenas unas horas después, se acaba la fiesta, todo el mundo a su casa y los invitados deben ya dejar de soñar y caer de nuevo en la cuenta de que ese *mundo feliz*, en el mejor de los casos, puede materializarse falsamente durante algunas horas o, lo más normal, instalarse en él a través de los sueños. Sueños húmedos en el caso de **Sánchez** que, después de anhelar durante más de dos años su encuentro sideral con **Joe Biden**, lo ha conseguido finalmente. A cambio de un nuevo y monumental cabreo de sus compañeros podemitas de gobierno y de sus aliados preferentes —Bildu, Ezquerra, PNV, etc.—. Pero… ¡que le quiten lo bailao! Así, además, está más cerca de sus ilusiones de algún carguito internacional que le edulcore la más que probable derrota en las próximas elecciones generales.

Descomposición, descrédito, descontento

(07/07/2022)

No son estos, desde luego, los mejores momentos del gobierno de coalición que ocupa la Moncloa desde finales de 2019. Los desencuentros entre las dos partes que lo componen, PSOE y Unidas Podemos, ya ni se ocultan ni se disimulan. El último, precisamente, a colación del supuesto e inminente incremento del presupuesto de Defensa que **Sánchez** ha asumido ante los países asociados de la OTAN, que ha caído como un jarro de agua fría en las filas podemitas. **Irene Montero** brindó a la opinión pública un espectáculo feminista lamentable cuando, preguntada varias veces por periodistas en rueda de prensa posterior a un Consejo de Ministros sobre la postura de su partido respecto al incremento de la participación española en la Organización Atlántica, la portavoz del gobierno y ministra de Política Territorial le cortó cualquier atisbo de respuesta.

O sea, y en román paladino, que hay una parte del gobierno que se opone a otra parte del gobierno y no le duelen prendas en manifestarlo cuantas veces sea necesario. Un nuevo espectáculo tan inédito como desconcertante en cualquier país europeo y más aún que forme parte de la UE que no sé muy bien cuánto tiempo podrá sostener **Pedro Sánchez** sin descomponer su figura por mucho que ensaye ante el espejo sus ahora cada vez más frecuentes apariciones públicas. Y eso que ya se encargó Ferraz —luego apoyada también desde Moncloa—, en negar cualquier relación causa efecto entre el sorprendente resultado de las elecciones andaluzas y su posible, y por el momento teórica, traslación al campo de la política nacional.

Si el acuerdo con Estados Unidos para reforzar con dos nuevos destructores la base de Rota, por un lado, y el incremento de la partida de Defensa en los nuevos Presupuestos Generales del Estado para 2023, por otro, han de ser tomados por unanimidad en el Consejo de Ministros, mucho me temo que el año que viene no habrá nuevos presupuestos y, en consecuencia, habrán de ser prorrogados los actuales. Como ayer mismo decía la ministra **Margarita Robles**, entrevistada por *La Razón*, «Podemos sabrá si le resulta o no compatible estar en el Gobierno». Entre tanto, lo indudable es que este gobierno está enfrentado y, si aún no se ha roto es por meras cuestiones de mantenimiento del poder, aunque sea a costa de incoherencias que nada le favorecen ni en el plano de la política nacional y, quizás menos aún, en el de la política internacional.

En otro ámbito, el económico, el descrédito del gobierno sigue una escalada imparable porque los parches que está poniendo no tardan más que unas semanas en ser engullidos por la imparable inflación, que ya ha alcanzado las dos cifras en julio de este año. Y, para más *inri*, a la cesta de la compra, los combustibles, la energía y el resto de los bienes y servicios, ahora se le suma también la mayor carestía de las hipotecas ante la subida del Euribor y la inminente subida del precio del dinero. La consecuencia inmediata es el lógico retraimiento del consumo y la bajada de los ahorros acumulados en meses de confinamiento por las familias. Y el panorama no va a cambiar en los próximos meses, por mucho que la vicepresidenta primera de Economía, **Nadia Calviño**, pronosticase hace sólo unos meses que la inflación era coyuntural y no estructural.

En esta situación, no hay que ser ningún gurú de la política y la sociología para aventurar que, de seguir así, el batacazo que va a darse el partido del gobierno y las terminales que lo apoyan (UP, Bildu, Ezquerra...), en las futuras elecciones, va a ser de esos que hacen época.

Es verdad que aún quedan muchos meses —en política, año y medio es una eternidad—, para una obligada nueva convocatoria de elecciones generales, pero, salvo el CIS (¡faltaría más...!), todos los gabinetes de estudios sociométricos dan a **Alberto Núñez Feijóo** como ganador frente a **Pedro Sánchez** si hoy mismo se convocaran esas elecciones. Las dos últimas las marcaban ayer las publicadas por *El*

País y *El Mundo*. Esta última, de *Sigma Dos*, otorgaba al PP y a su líder 133 escaños y un 30,2% en intención de voto (**Pablo Casado** obtuvo, en 2019, 89 diputados). **Núñez Feijóo** sería ahora el más votado por delante de un PSOE que caería hasta los 95 escaños y un 24,9% en intención de voto.

La encuesta de *El País* ponía también por encima al PP en intención de voto, aunque la diferencia de diputados entre las dos primeras formaciones políticas españolas sería algo menor. En todo caso, lo que es incuestionable es que los ciudadanos españoles parecen estar más que descontentos con el gobierno **Sánchez** y, si no hay un giro radical en sus políticas, la tendencia que marcan las encuestas pueden hacerse realidad en las elecciones inmediatas. El descontento es siempre la consecuencia del descrédito y este no va a mejorar mientras la descomposición del gobierno siga en caída libre.

Estos son mis principios y, si no le gustan, tengo otros

(12/07/2022)

Son tantas, tan intensas y tan rápidas las ocasiones que el gobierno **Sánchez** nos brinda cada día que, incluso hablando de asuntos que aún no han cumplido ni la semana, nos parece que ya huelen a viejos. El soñado viaje de la señora **Montero** a EEUU, sin ir más lejos.

Nos sorprendía su silencio cuando, tras un Consejo de Ministros, admitía que la portavoz del gobierno cortase las preguntas de los periodistas dirigidas personalmente a la ministra de Igualdad sobre su postura en torno a la OTAN y al asalto a la valla de Melilla con las consecuencias que todos conocemos. Ahora lo vemos claro, era el precio que **Montero** tenía que pagar para poder acudir en Falcon a la meca del capitalismo yanqui acompañada, además, por tres de sus amigas, compañeras y colaboradoras más íntimas. Una de ellas, **Isa Serra**, la exdiputada madrileña que fue juzgada y condenada y cuyos antecedentes seguro que obran también en las fichas de los agentes de aduana del aeropuerto JFK de New York. Algún día nos explicará la señora **Montero** cómo se hace eso. Lo digo para poder aplicarlo nosotros también si es que un día viajamos con un amigo juzgado y condenado, aunque sea sólo por delitos de opinión porque al paso que vamos, todo llegará.

En los hechos se aprecia más contradicción que ecologismo, para empezar. Un solo avión para cuatro personas es cien veces más caro que otro en el que viajan 400. Y, por favor, que se deje de sandeces con afirmaciones como esa de que "las mujeres contaminan menos". Y aquello de que venían a regenerar la vieja política es para morirse de risa. En apenas dos años han pasado a hacer propias todas las prácticas que condenaban en la "casta" cuando, desde la oposición, aspiraban a ser modelo de virtudes públicas y de transparencia informativa. ¡Ya…! Se han dicho "vamos a aprovechar, que lo mismo en la legislatura que viene ya no vamos a poder disfrutar de bicocas de 80 o 100 000 euros anuales en nuestro chiringuito de la igualdad, los estudios de género y de las políticas ultrafeministas que nadie domina como nosotras.

Y, además, cayendo en todos los modos horteras de quien no para de abrir la boca mirando hacia los rascacielos y edificios míticos (ONU, Rockefeller Center, Empire State Building, Central Park Tower…), que pueblan la ciudad del Hudson. Y, por supuesto, selfis incluidos desde Times Square difundidos al mundo mundial y feminista a través de Instagram y Twitter. Y, ¡chicas, ya que estamos aquí todas juntitas…!, vamos de tiendas a la Quinta Avenida. Se diría que es como materializar un viejo sueño que, probablemente, les despertaron las mil y una películas filmadas en la Gran Manzana. Y, seguro que se han dicho que para una vez que vamos a EEUU, pelillos a la mar por ir en uno de esos aviones militares que dependen del ministerio de Defensa, los Falcon, que menos mal que hemos podido utilizar antes de que hayamos sido capaces de imponerle a **Pedro Sánchez** que hay que salirse de la OTAN y cerrar ese ministerio tan belicista y todo eso, que no nos mola nada.

Y, por si fuéramos pocas, y siguiendo la vieja máxima leninista, ("ni un paso atrás…"), la compañera de partido y de mesa del Consejo de Ministros, la líder de Unidas Podemos **Ione Belarra**, ha mostrado su "indignación" ante la "violencia política" que se ejerce contra la ministra y su equipo, a colación de las ácidas críticas recibidas por su viaje a la Gran Manzana para tejer alianzas feministas.

Lo que no me explico es como estas chicas tan lideresas y tan guays, no han puesto rumbo a Moscú. Su Plaza Roja está allí, impertérrita, ansiosa, expectante, deseando recibir a portavoces de políticas feministas y de igualdad, que tanta falta le hacen a **Putin**. Estoy seguro de que el cadáver momificado de **Vladimir Ilich Lenin** está nervioso y esperando a esas cuatro jinetes —perdón, jinetas— del apocalipsis feminista, a esas prohembras del feminismo patrio que, en muy poco tiempo, va a ser el modelo a seguir por todos los países del mundo mundial. Y es que, ya les gustaría tener a Francia, a Rusia, a Brasil o a Sudáfrica a mujeres como las nuestras patrocinando un feminismo público y fetén que dispara contra todo lo que huela a heteropatriarcado y que no admite ni un quítame allá esas pajas ante cualquier iniciativa que surja del caletre de su ministra guay, chupi y jovencísima. ¡Chicas, estamos de suerte!

La política del gobierno Sánchez, a debate

(14/07/2022)

No, a **Sánchez** no le gusta nada tener que acudir al Parlamento a rendir cuentas. Como todo el que se cree en posesión de la verdad —de toda la verdad y nada más que la verdad—, eso de tener que ir al cole a dar clase a alumnos poco aventajados y, por si sólo eso fuera poco, desconfiados con la postura del presidente, el rey del embuste y de la trola, le hace pasar un innecesario mal rato. De ahí que el que comenzó a celebrarse ayer sea el primer debate sobre el estado de la nación que se celebra desde que **Pedro Sánchez** ocupa el palacio de la Moncloa.

Y como la creciente —digámoslo así….—, desafección que su figura está generando entre los ciudadanos, según muestran las últimas elecciones autonómicas andaluzas, madrileñas, castellano-leonesas y gallegas, así como el tenor de casi todas las encuestas que se están llevando a cabo, el presidente ha sacado su vena populista, izquierdista radical y anticapitalista, a ver si así consigue abortar el constante sangrado de votos y de simpatía entre los ciudadanos —incluidos buena parte de los socialistas—, a ver si de esa forma consigue arreglar un poco el enorme desaguisado que está haciendo con España.

Ya que no da ni una con las medidas parche para cortar la inflación (la mayor de la zona UE), y el ciudadano ve cómo su dinero se deprecia día a día, ahora ha anunciado una batería impositiva milmillonaria contra eléctricas y bancos y, de paso, agradar a sus socios de gobierno, especialmente Podemos y ERC. Vuelve a equivocarse. Vale que bancos y eléctricas, de pronto, han bajado sus acciones en Bolsa hasta un 8,6% pero, a medio plazo, los impuestos que les endilgará **Sánchez** acabarán trasladándolos a sus clientes más pronto que tarde, con lo cual lo único que va a conseguir el partido gobernante es hacer nuevamente al ciudadano medio el objeto de sus obsesiones impositivas.

De paso, y sin ningún disimulo de su uso electoralista, le dice al ciudadano que durante unos meses no le va a costar nada el bono de cercanías, y que a los jóvenes estudiantes becados de 16 años (curioso: ¡los que van a votar en los próximos comicios!), les va a dar también una paguilla de 100€ durante unos meses. Medidas populistas que pueden incidir en el muy corto plazo, pero de forma casi despreciable a medio y largo plazo. Pero de limitar el gasto del ejecutivo nada, de ajustarse el cinturón disminuyendo radicalmente los viajes en Falcon, o cortando el grifo de la generosidad presupuestaria a chiringuitos, sindicatos y afines, nada de nada. Claro que, al fin y al cabo, estos son los que hay que mantener paniaguados para que no se monte ningún guirigay en las calles. ¿Cuánto habrían tardado los unos y los otros en cortar la circulación, quemar contenedores y reventar escaparates de tiendas, bancos y supermercados si las cifras económicas de récord Guinness de la pobreza en España se hubieran obtenido bajo un gobierno del PP?

Las medidas que **Sánchez** ha anunciado en el primer día del debate sobre el estado de la nación, como todo lo que hace, parece más orientado a su propia supervivencia que a arreglar de verdad el cada vez más grave panorama económico español. La inflación es, desde luego y desde hace meses, el primer problema para el bienestar de los ciudadanos y la mayor amenaza del estado del bienestar, y medidas como las anunciadas no van a contribuir al encauzamiento del problema, sino todo lo contrario.

Y esto por lo que a la economía se refiere. El panorama político sigue enturbiándose día a día con iniciativas legislativas como la de la Ley de Memoria Democrática, un claro brindis de **Sánchez** a sus socios preferentes (Bildu, ERC, PNV) para poner en cuestión, finalmente, toda la Transición y permitir que sean los antiguos militantes de ETA y sus herederos actuales quienes marquen los parámetros de la interpretación de nuestra historia, especialmente la más reciente. Propongo al gobierno que sean ellos quienes ocupen a partir de la fecha la Real Academia de la Historia porque sus doctos representantes defienden, por lo general, posturas absolutamente contrarias a la sarta de sandeces que se vienen proclamando desde la nueva oficialidad histórica y que, entre otras, anuncian que la historia de nuestro país comenzó en 1812. Espero que no acaben imponiéndose ideas tan peregrinas, pero, de ser así, la España ilustrada en pleno, que no va a comulgar con ruedas de molino, va a lanzarse a la más cruda y cruel ilegalidad.

Consignas y tradiciones

Negar a estas alturas el cambio climático es como imitar a **Donald Trump** —que en gloria política esté, y para siempre…—, con su obsesión minimizadora del COVID-19. Si aquí, en España, se borraron varias decenas de miles de muertos de las estadísticas oficiales, Mr. **Trump** los borró a todos de un plumazo. Es lo que tienen los visionarios, los negacionistas y los modernos: que hablan sin conocimiento de causa o, mejor dicho, sabiendo que la causa que los mueve a hablar es muy distinta de la que proclaman.

Me explico un poco más. Los ministerios de turno llevan dando la matraca (legal incluida), con eso de que el lobo, pongamos por caso, es una especie protegida, y que debe de seguir siéndolo. Es la letanía que proclaman los ecologistas de salón, es decir, aquellos que se dicen tal por una módica cantidad de varios miles de euros anuales, ya sea en forma de subvención o en concepto de asesoramiento en el ministerio correspondiente. Y si hay voces autorizadas y con muchos años como agricultores o ganaderos a sus espaldas, que dicen lo contrario, entonces salen las hordas ecologistas oficiales lanzándose metafóricamente al cuello de estos —como el lobo a las ovejas, a los mastines o a los terneros—, para desautorizarlos aplicándoles todo tipo de epítetos… Los agricultores y ganaderos tendrán la razón por la simple lógica de que su forma de vida les va en ello, pero los ecologistas de salón ministerial tienen el BOE, que manda mucho más, aún sin tener razón, y su *modus vivendi* también peligra si sus consignas dejan de ser valoradas.

Luego hay que escuchar también, como mínimo cada verano, la cantinela de que la despoblación rural se está extendiendo como una plaga, que cada vez más los jóvenes de nuestros pueblos abandonan las casas de sus padres y de sus abuelos para marchar a la ciudad. ¡Claro, qué van a hacer…! Si no les dejan plantar los cultivos que, por el conocimiento acumulado de generaciones, son los más adecuados en ese terreno, si no les dejan pastar a sus ganados por tierras donde lo han podido hacer durante siglos, o si por talar un árbol por muy fundadas razones que les asistan, pero sin permiso de la autoridad, les cae la multa del año.

¡Qué van a hacer si no! Se acaban yendo, por supuesto, y no por falta de amor a la tierra o al oficio de sus padres y de sus abuelos, sino por la incompetencia de quienes acceden al gobierno o a la administración sin tener ni puta idea de lo que llevan entre manos, aunque, eso sí, son ciegos militantes del partido y siguen a pies juntillas cuantas consignas hay que llevar a cabo y sin pensar su conveniencia, o no, para el ciudadano.

Precisamente el innegable cambio climático y el abandono rural son la combinación perfecta para que —como está sucediendo este año en España—, los incendios forestales se multipliquen y sean miles y miles las hectáreas quemadas —al día de la fecha más de 60 000—, los paisajes calcinados y también los miles de agricultores y ganaderos afectados directamente en sus explotaciones que, probablemente, vuelvan a plantearse una vez más —¡y van…!—, si tiran la toalla y cierran de una vez una forma de existencia a la que dedican 24 horas al día pero en la que no encuentran más que palos en las ruedas por parte de las distintas administraciones.

Y es que los pobres no han caído aún en la cuenta de que a quién tienen que atender es a su presidente superecologista, superfeminista y superempático, al del gobierno de España. Este fin de semana, por ejemplo, **Sánchez** ha visitado la zona del incendio que afectó al Parque Nacional de Monfragüe. No sé si para interesarse por la forma en que está afectando y va a afectar a los ciudadanos del entorno y buscar soluciones con ellos. Lo que sí que hizo fue apelar a las administraciones y partidos a hacer de las políticas medioambientales políticas de Estado para afrontar la evidencia del 'cambio climático'. Y, de paso —en eso está más que especializado—, no dudó en posar ante el paisaje calcinado. Ni las declaraciones, ni el posado fotográfico son eficaces para detener el cambio climático.

Palabras huecas, las unas, y una nueva dosis de imagen para que todo el mundo vea que ha ido a ver las consecuencias del cambio climático… Eso sí, en Falcon y Superpuma que, al cabo, unos cientos de litros más de combustible tampoco van a estropear más que un poquito el medio ambiente. Los ciudadanos seguro que saben apreciarlo…

Semana de dimisiones

En julio del año pasado vimos como el primer gobierno **Sánchez** saltaba por los aires y nombres tan *intocables* como los de **Calvo**, **Ábalos**, **Campos**, **Redondo** o **Laia** se sumaban al que hasta dos meses antes era el *enfant terrible* del ejecutivo, **Pablo Iglesias**. A un **Sánchez** eminentemente pragmático no le importó nada dejar unos cuantos cadáveres políticos por el camino, sobre todo si con ellos la figura del presidente seguía siendo intocable.

Si a esas alturas de coalición alguno aún no había aprendido la lección de que aquí el único que nunca se equivoca es el presidente, la aprendió a cuenta de la pérdida de su cartera ministerial. Así no la olvidaría jamás y, de paso, el resto de los miembros del gabinete y sus nuevos compañeros —los que sustituían a los cesados o dimitidos—, seguro que tomaban buena nota de que en España no gobierna más que **Pedro Sánchez**. El resto de ministros no son más que escudos que, en un momento dado, servirán para exculpar al supremo líder.

Un año después vuelve el baile de las dimisiones y acaso también de los ceses. Aún no alcanzan al consejo de ministros, pero todo se andará. Y en cuestión de días. Por el momento han afectado al partido y a la Fiscalía General del Estado (FGE). El lunes 18 de julio **Adriana Lastra**, número dos del partido, justificaba públicamente su decisión en base a su embarazo de alto riesgo. Un día después, **Dolores Delgado**, la personificación de uno de los muchos atropellos institucionales de **Sánchez**, dimitía también aduciendo problemas de salud, en base a una operación de columna vertebral que había sufrido un par de meses antes.

Excusa nada feminista la de **Lastra** que, más bien, escondía su tremendo enfado por haber sido defenestrada como portavoz del PSOE en el Congreso, y para no ser el nuevo blanco del enfado aún mayor de su jefe **Sánchez** por los horrorosos resultados electorales del mes pasado en Andalucía (¡Y eso que no había que leerlos en clave nacional!). **Lastra** había caído en desgracia porque —recuérdese el artículo 1º del sanchismo, "la persona del presidente y secretario general del partido nunca se equivoca"—, y antes de que **Sánchez** la relegase a un puesto florero en el partido, se agarró a su embarazo para quitarse de en medio con una tan cierta como dudosa dignidad política.

La de **Dolores Delgado**, sin embargo, es una dimisión interesada, no se confundan. No es que la que fuera ministro de Justicia y diputada en el Congreso lance ahora la toalla, cansada ya de recibir críticas tanto de los partidos de la oposición como de dos de las tres asociaciones de fiscales, así como del CGPJ («¿La Fiscalía de quién depende? Pues eso, del gobierno...»), por haber asumido el difícil desafío de asaltar el poder judicial que, sin rubor alguno, le había encargado **Sánchez**.

No, no es eso. La utilidad y la docilidad con el gobierno por parte de la Fiscalía del Estado sigue asegurada con el nombramiento del número dos de la institución, y mano derecha de **Delgado**, **Álvaro García Ortiz**. Un nombramiento que ha suscitado «estupefacción» y «sorpresa» entre un sector mayoritario de la carrera fiscal que se teme que, en el fondo, lo que se esconce tras esta dimisión es asegurarse que Delgado vaya a ser nombrada fiscal de Memoria Democrática, una forma segura de entrar al Tribunal Supremo y, en consecuencia, de incrementar notablemente la nómina de la dimitida por razones *de salud*.

No se olviden los lectores ingenuos —si es que a estas alturas del partido aún queda alguno—, que don **Pedro** no da nunca puntada sin hilo. Y, ahora que lo pienso mejor, lo mismo está iniciando el doble juego de seguir haciendo su santa voluntad, por un lado, y de aprovechar la oportunidad para instruir a los españoles en la tercera conjugación de los verbos, a partir del de "dimitir": …tú dimites, él / ella dimite… Obsérvese que, en su caso, la primera persona del síngular está exenta de esta acción. O sea, "yo no dimito".

Yo, mí, me, conmigo

(22/07/2022)

Cada día que pasa en este país más me parece que estamos descendiendo desde una cumbre —lo digo ahora en medio de un Tour de Francia apasionante—, en la que nos habíamos instalado no sé muy bien si por dejadez, por conveniencia o por necedad. Desde luego, no por convicción porque aquí las ideas articuladas y compactas brillan por su ausencia. Y, digo, bajamos a toda pastilla, sin frenos y con la sensación constante y firme de que nos vamos a dar una hostia de las que hacen época.

Al parecer, no nos bastan siquiera una guerra en plena Europa, un nuevo zar henchido de ambiciones imperialistas, una inflación del 10%, una subida de los tipos de interés, el pavor galopante entre la ciudadanía… Y el partido del gobierno aplicado en dar salida al desdibujamiento de la figura de su secretario general, **Pedro Sánchez**, al que ya da por perdedor hasta el CIS de su amigo **Tezanos** que, además y por si sólo eso fuera poco, certifica que en España casi nadie conoce a las ministras que el presidente se sacó de la chistera en la crisis de gobierno de julio de 2021.

Un año después no es que el partido y el gobierno estén igual sino mucho peor. Un par de elecciones autonómicas perdidas —la última, Andalucía, por goleada histórica—, y el nerviosismo circulando ya histérico y desbocado por las venas del partido —especialmente entre alcaldes y presidentes autonómicos—, ante la negra perspectiva que presentan las autonómicas y las municipales de la primavera que viene. Y en estas, el imprevisible mago de la Moncloa se saca un par de conejos de la chistera, agita las aguas de Ferraz y del grupo parlamentario y barre de un plumazo a **Lastra** y a **Héctor Gómez** al tiempo que recurre a un viejo enemigo, **Patxi López** y encumbra a **María Jesús Montero** a la vicepresidencia del partido y a **Pilar**

Alegría —una de las desconocidas ministras para el CIS—, a la portavocía de Ferraz en sustitución de **Felipe Sicilia**.

Inaudito que, a través de los medios afines, **Sánchez** haya filtrado los nombres de los afectados y que los propios miembros del Comité Federal del partido tengan que enterarse de la voluntad de su líder, no en el seno del máximo órgano del partido entre congresos, sino por esa otra vía. Pero el Comité, como la Ejecutiva, ya no parecen ser sino meras réplicas de la voluntad del secretario general y no órganos de análisis y de discusión de ideas y propuestas críticas surgidas entre sus integrantes. Allí, como en todo el partido y en todo el gobierno, sólo impera la voluntad de **Sánchez**. Nunca como ahora se ha visto más claro que quien se mueva, ya no sale en la fotografía.

Podría pensarse que todos estos cambios están orientados al mejor engrase del partido, a la mayor versatilidad del grupo parlamentario y, en última instancia, para que el ciudadano perciba con mayor nitidez los desvelos del presidente y secretario general por cambiar las condiciones de vida y la situación de España y los españoles, pero no se engañen. No es así. Todos los movimientos habidos y por haber en el seno del partido y del gobierno están orientados hacia una sola meta: la permanencia de **Pedro Sánchez** al frente del timón del partido y del gobierno.

Si el secretario general del PSOE y presidente del gobierno de la nación pusiese todas sus ya demostradas capacidades de resistencia y resiliencia en pro de la ciudadanía y no de su persona, otro gallo nos cantaría. Por ahora el único estribillo que suena, tanto en Ferraz como en Moncloa, es el mismo que sonaba ya en diciembre de 2019: yo, mí, me, conmigo.

Alerta energética

(25/07/2022)

La Comisión Europea decidió la semana pasada presentar un plan de contingencia a los 27 países miembros en previsión de que Rusia decida cortar el gripo del suministro de gas durante el próximo invierno. No es nada descabellado pensar que así sea porque, de hecho, 12 países ya están sufriendo interrupciones parciales o totales en el suministro como forma de chantaje por parte de **Putin** contra el apoyo europeo a Ucrania.

Desde febrero para acá, Europa ha reducido en 2/3 la dependencia rusa tras una búsqueda frenética de nuevos suministradores —Argelia, Egipto, Qatar, Azerbaiyán y EEUU fundamentalmente—, y por ahora sugiere a los países miembros de la UE que reduzcan voluntariamente un 15% su consumo de gas desde el próximo 1 de agosto hasta el 31 de marzo del año que viene.

A **Teresa Ribera**, vicepresidenta del gobierno y ministra de Transición Ecológica, le ha faltado tiempo para salir a la palestra y oponerse frontalmente a la propuesta de Bruselas. Y eso que, a España, junto a Portugal, Europa ha permitido que se establezca un sistema temporal de tope de precios al gas ibérico como posible fórmula de alterar los altísimos precios de la luz. Y eso que, al menos en los que al consumo no industrial se refiere, la Comisión sugiere limitar los aires acondicionados a que no bajen de los 25º en verano y que las calefacciones no suban más allá de los 19º en invierno. Vamos, que el sacrificio no es tal, sino un mero consejo de aplicar el sentido común en previsión de que las cosas vengan mal dadas en los próximos meses.

Lo cierto es que, si Europa no actúa desde ya mismo y con verdadera urgencia, la dependencia energética del continente se va a eternizar y, por tanto, su vulnerabilidad política se va a hacer endémica por su buenista posición de limitar los cupos de emisión de CO2 combinada con sus prevenciones frente al uso de la energía nuclear y la negativa a acudir al *fracking* para explorar la existencia de posibles reservas de gas en el subsuelo.

No creo que sea precisamente España quién pueda dar lecciones de solidaridad y de capacidad diplomática a la Comisión Europea, sobre todo después del giro dado a nuestra política con el tema del Sahara y la subsiguiente reacción de Argelia limitando el suministro de gas a nuestro país al 50% y dejando ya entrever que, en breve, la revisión de los precios del gas argelino no va a ir precisamente a la baja.

Y lo peor es que, como a partir de diciembre, los españoles nos veamos sometidos a cortes de energía —no ya por sugerencias, sino por imposiciones de Bruselas—, lo mismo es la propia **Ribera** la que saldrá a afear la conducta de **Ursula von der Leyen** por su falta de previsión o su negligencia. Aquí somos maestros —¡qué digo maestros, doctores…!—, en el arte de tirar balones fuera, de silbar mirando hacia otra parte y de poner cara de sorprendidos cuando los demás nos señalen con el dedo.

Para entonces, seguro que las ministras **Nadia Calviño**, vicepresidenta 1ª de Asuntos Económicos, y **María Jesús Montoro**, ministra de Hacienda, ya tendrán preparados sendos decretos leyes para dirigir contra las energéticas nuevos impuestos especiales para compensar las molestias y el frío que su afán desmedido en busca del beneficio —esa u otras razones parecidas serán el justificante de su afán recaudador—, del mismo modo que este mes de julio han hecho con los bancos, ahuyentando de paso a inversores internacionales.

La reducción del consumo innecesario y evitar el derroche de energía no sólo debiera ser una medida circunstancial, y a aplicar tanto en las industrias como en los hogares de los ciudadanos, sino que debiera constituir una práctica habitual.

El gobierno español hace muy mal en no concienciar a sus ciudadanos en que esa posibilidad del cierre del gripo ruso al gas puede ser un marco perfectamente probable. Y la capacidad española de almacenaje de gas en seis plantas perfectamente adaptadas (Barcelona, Sagunto, Cartagena, Huelva, Mugados y

Bilbao), aunque reduce sustancialmente los efectos de ese posible corte del gas ruso, seguiremos siendo parte de la UE y, por tanto, seguir siendo solidarios con nuestros socios europeos.

ETA y sus objetivos

(28/07/2022)

La alianza entre **Pedro Sánchez** y **Arnaldo Otegi**, es decir, entre el gobierno de la nación y los representantes de Bildu —los herederos de ETA—, es un pacto perfecto de intereses. El primero, **Sánchez**, no podría seguir presidiendo el gobierno sin el apoyo de sus socios vascos, mientras que estos no habrían acercado ya a más del 60% de los presos etarras al País Vasco y Navarra —la mayoría a la prisión alavesa de Nanclares de Oca—, sin ese acuerdo perfecto en el que ganan las dos partes contratantes.

Ni siquiera **Nicolás Maquiavelo**, el autor que parece sigue a pies juntillas el presidente del gobierno, habría podido creer que, en pleno mes del 25 aniversario del asesinato de **Miguel Ángel Blanco**, **Sánchez** se hubiera atrevido a proclamar —en pleno homenaje al concejal asesinado, en Ermua y en presencia de **S. M. Felipe VI**—, la equiparación de una nación vasca y España. Pero es que —a más a más, que dirían sus otros socios, los catalanes—, a lo largo del mes de julio y en pleno debate del estado de la nación, ha vuelto a defender los pactos con Bildu, la redacción de una Ley de Memoria Democrática redactada al alimón con los proetarras, y a afirmar, con la seguridad y el engolamiento que le caracterizan, que ni existe la banda terrorista ni hay el más mínimo rastro de la banda asesina.

Debe de ser que la presencia del fantasma de **Franco**, 47 años después de muerto y superada ya la etapa de la posguerra con la proclamación de la Constitución española de 1978, es mucho más perniciosa que la alargada sombra de ETA y sus mil muertos en su nutrido currículum. Por cierto, muchos de ellos compañeros del viejo PSOE, cuyo parecido con el actual hay que buscarlo con extrema paciencia, detenimiento e imaginación tras el paso de **Pedro Sánchez** por su secretaría general.

No es necesario que seamos nosotros quienes busquemos la réplica a **Sánchez**. Basta con rescatar unas cuantas preguntas que **Carlos García Adanero** (Navarra Suma), le lanzó a **Pedro Sánchez** durante el pasado debate del estado de la nación, sin que recibiese respuesta alguna por parte del aludido. **Adanero** habló de la 'traición' de **Sánchez** a los votantes y cargó contra el presidente por afirmar que ETA ya no existe. A partir de ahí, el diputado navarro formuló unas cuantas preguntas al presidente, cuyas respuestas podemos buscarlas entre todos: "Si ETA no existe, ¿por qué cambió presos por presupuestos?, Si ETA no existe, ¿por qué permiten los homenajes a etarras?, ¿por qué hay aún pintadas de *gora* ETA?, ¿por qué se da el pésame por la muerte de un etarra?, ¿por qué seguimos aguantando incidentes el 7 de julio?"…

O sea, que ETA existe, que es evidente que está vivita y coleando, aunque haya abandonado las armas. Y —*como te digo una co, te digo la o*, que diría **Sabina**—, quien está más muerto que muerto es **Franco**, pero interesa sacar de procesión a los fantasmas para así distraer al personal, derivar su atención para que no piense en lo esencial. Ahora, por ejemplo, para evitar que vuelva a renacer aquel espíritu de Ermua al que dio origen el vil asesinato de **Miguel Ángel Blanco**, que pueda quitar el foco de la actualidad a un presidente que no duda en utilizar los mecanismos que sean para conseguir sus objetivos, que no son otros que los de mantenerse el mayor tiempo posible en la Moncloa.

De plan en plan, y tiro porque me toca

(04/08/2022)

Nunca nadie mandó más en España con menor representación. A **Pedro Sánchez** había quién no le daba más de un año en Moncloa y ya ven, vamos para el tercero y, si Dios o las circunstancias políticas no lo remedian, tenemos **Sánchez** hasta el final de la legislatura como mínimo. El secreto para la permanencia no es tal: nada de remilgos ni problemas de conciencia; si hay que pactar con el diablo, se pacta; si hay que desdecirse, se hace —el ciudadano español tiene una memoria muy corta, y eso cuando la tiene—; no abandonar ni por equivocación la perenne vocación de poder y, por último, y como método adictivo para no perder el tiempo y que nada de todo lo anterior falle, recurrir preferentemente al real decreto ley, que provoca menos dolores de cabeza y así la oposición se aburre o se adormila.

No, no hablamos metafóricamente, sino con los números en la mano. El gobierno **Sánchez** ha recurrido al decreto ley en casi 150 ocasiones desde que tomó posesión a finales de 2019. Y no hablamos de temas menores porque esa fórmula, legal, aunque teóricamente extraordinaria, evita al gobierno la tramitación normal de la norma en el parlamento (ponencia, comisión, pleno…), y le basta con el espaldarazo o convalidación del mismo a través de una sola votación en el pleno.

Sólo en lo que llevamos de año son ya 14 los publicados. El último, el plan de «medidas de ahorro, eficiencia energética y de reducción de la dependencia energética del gas natural». Dos días antes, **Teresa Ribera**, vicepresidenta 3ª, montaba en cólera y se negaba a adoptar medida alguna en este sentido por mucho que lo aconsejara Bruselas. Pero, contradicciones aparte que ese es un cuento que ya nos sabemos, lo peor del real-decreto es su previsible ineficacia e ineficiencia. Aborda la limitación de la temperatura en verano y en invierno, de dependencias públicas, cines, grandes almacenes, restaurantes y bares, etc.; el apagón de escaparates e iluminación de monumentos desde las 10 de la noche, y parches de esta naturaleza…

Vamos, que, de no rectificar pronto, de mantenerla y no enmendarla —como ya le han pedido varias comunidades autónomas, entre otras las de Madrid y el País Vasco—, este será el puntillazo que le faltaba a la economía española, fuertemente dependiente de los servicios turísticos y del comercio. Incluso, una hipotética traslación del real decreto al Tribunal Constitucional, como parece que va a hacer la Comunidad de Madrid, no solucionaría absolutamente nada, ni siquiera declarando su posible inconstitucionalidad, porque para entonces ya serán miles las empresas que se verán abocadas a cerrar sus puertas, y docenas o cientos de miles los trabajadores que se quedarán sin trabajo.

Lo mismo que sucedió con la declaración del Estado de Alarma, meses después calificada como inconstitucional por el TC, cuya resolución de nada valió a la sociedad ni al ciudadano español porque tuvieron que sufrir las duras restricciones de las libertades públicas y privadas durante meses, con las consecuencias políticas (allí comenzó a gestarse la muerte de **Montesquieu** en nuestro ordenamiento jurídico, ya a punto de consumarse), y de orden personal con el florecimiento de depresiones y ansiedades que aún no hemos acabado de quitarnos de encima.

Aquí se impone siempre la ley del ordeno y mando —eso sí, sin dejar de citar y recurrir siempre a la democracia, porque la nuestra es la verdadera democracia….—, al tiempo que el gobierno se muestra remiso a abordar el que, sin duda alguna, es el problema de fondo: si el gas y la electricidad que tenemos que adquirir en el mercado internacional cada vez van a ser más caros, ¿cuál es el camino a recorrer para reducir y hasta evitar esa dependencia externa?, ¿el de reactivar y promover nuevas centrales nucleares?, ¿volver otra vez a las minas de carbón? Lo evidente es que las energías renovables, que es la apuesta mantra de este gobierno, no va a ser suficiente durante decenios porque aún no es posible almacenar el exceso de energía generada. Pero, estando, así las cosas, de eso no se habla porque parece que el sambenito del cambio climático y la transición ecológica nos van a venir a salvar en cualquier momento de la malvada Rusia, de los bancos y de las eléctricas que, como todo el mundo sabe, tienen siempre la culpa de todo.

Y, entretanto, por un lado, vamos a seguir subiendo los impuestos, y por otro a tener al pueblo anestesiado y contento, así es que démosle gratis la posibilidad de viajar en tren de cercanías y de media distancia durante unos meses para que puedan aprovechar sus fines de semana y viajar al chalet o a visitar a los amigos. Después ya se nos ocurrirán otras ideas tan brillantes y adormecedoras como estas. O como esa de dar a los más jóvenes 400€ adicionales para que consuman nuestra 'cultura', de la que por supuesto está excluida la bárbara fiesta de los toros.

No sé si es que el gobierno nos toma por imbéciles o es que demostramos que lo somos, aunque todavía no sea legalmente, por supuesto a través de un nuevo real decreto ley.

Fútbol y política

Lo más interesante del deporte patrio en el que se ha convertido el fútbol no suele suceder en el transcurso del campeonato de liga, sino justamente en los meses que van desde el final de una temporada y el comienzo de la siguiente. Es mucho más revelador lo que sucede en los despachos de directivos y representantes de los jugadores que lo que luego estos protagonizan en la cancha.

Véase si no, y, por ejemplo, al imaginativo **Joan Laporta**, presidente del Barcelona —el Barça, si ustedes quieren—, cómo ha tirado de la contabilidad creativa para intentar salvar al club que ha vuelto a presidir a través de esa triquiñuela económico-contable que ha denominado 'palancas'. Se trata, ni más ni menos, que de la venta por varios cientos de millones de euros de un alto porcentaje de los derechos televisivos que el club tiene por formar parte de La Liga durante los próximos 25 años. El primer 10% lo vendió al fondo de inversión estadounidense Sixth Street y así podrá enjugar las millonarias pérdidas del año pasado que, al parecer, le impedían poder hacer fichaje alguno para la próxima temporada.

Como creo que ya vamos por la quinta o sexta 'palanca', uno confiesa haber perdido la cuenta de los porcentajes y de los millones obtenidos por **Laporta** tras endeudar aún más al club azulgrana durante un cuarto de siglo. Y todo eso, que ya me olvidaba, para poder hacer esos grandes fichajes que, al menos a priori, aseguren al entrenador ciertas probabilidades de llegar a lo más alto en el próximo Campeonato de Liga y en la Champions League.

Algo parecido viene haciendo **Pedro Sánchez**, presidente del gobierno, incrementando sin límites el gasto público; repartiendo unos céntimos por litro de combustible al ciudadano que acude a la gasolinera y aun así contempla cómo con los mismos euros del año pasado ahora sólo llena la mitad del tanque, o regalando viajes en tren durante tres meses a los que debieran ser agradecidísimos ciudadanos ante la magnanimidad de su presidente. Claro que muy pronto estos caen en la cuenta de que ese dinero es de ellos mismos y que el estado recauda a través del IRPF, el IVA y los cientos de impuestos que ahogan al mismo ciudadano. Y todo eso, junto a este descabellado plan de «medidas de ahorro, eficiencia energética y de reducción de la dependencia energética del gas natural». Todo es poco para intentar derivar la atención ciudadana del caos económico en el que nos ha sumido el gobierno (deuda, inflación, PIB, empleo…) y que va a ser muy difícil desterrar de la conciencia ciudadana sencillamente porque ese es el látigo que le azota cada día, cada hora, cada instante.

Campeón del desastre

En junio pasado se cumplieron cuatro años desde que **Pedro Sánchez** formó su primer Consejo de Ministros tras ganar la moción de censura a **Mariano Rajoy**. Hoy sólo sobreviven siete de los ministros que nombró (**Nadia Calviño**, **Teresa Ribera, Margarita Robles, María Jesús Montero, Fernando Grande-Marlaska, Reyes Maroto** y **Luis Planas**).

Lejanos están ya aquellos tiempos en que **Sánchez** era el líder político mejor valorado. Cuatro años después, el presidente apenas pisa la calle. Y, cuando lo hace, es casi a escondidas porque, cuando los ciudadanos lo tienen a la vista, no tardan en abuchearle e increparle.

El problema del presidente consiste ahora justamente en lo contrario, en que se le conoce tanto que ya nadie se fía de él. Su falta de credibilidad por las constantes contradicciones en las que ha incurrido durante sus cuatro años de poder hablan ya más por sí mismas que cualquier movimiento de prestidigitador de la política. Ni sus constantes campañas de *photocall* en la que convierte cualquier medida o acto político.

Precisamente por esa falta de afecto que el ciudadano español ya no tiene miedo en manifestar (lo de "¡fuera, fuera…!", es lo más suave que escuchan los castos oídos presidenciales), **Sán-**

chez sale cada vez más al foro internacional, en donde se mueve con más comodidad que en cualquier pueblo extremeño, canario, castellano, andaluz, gallego o aragonés Y, de paso —eso creo que piensa él, al menos—, sus apariciones en la Cumbre de la OTAN en Madrid, en Moldavia, Bélgica, Polonia, Marruecos, Francia, Rumanía, Eslovaquia, Italia, Irlanda, Alemania o Ucrania, lo mismo le acaban dando un puestecillo de relumbrón internacional que amortigüe un poquito el batacazo que se dará en las próximas elecciones.

Pero mucho me temo que ni **Laporta** ni **Sánchez** vayan a ser fichados fácilmente en el futuro mercado de líderes a considerar para regir los destinos de cualquier institución pública o privada con antecedentes tan artificiosos y tramposos como ineficientes e ineficaces. El tiempo lo dirá.

Despotismo iletrado

(08/08/2022)

El término despotismo, que la RAE define como el "conjunto de actitudes y prácticas de quien abusa de su superioridad o poder en el trato con los demás", se ennobleció en buena parte durante el siglo XVIII a través de lo que dio en llamarse despotismo ilustrado, es decir, esa política de algunas monarquías absolutas de ese siglo, dirigida a fomentar la cultura y la prosperidad de sus súbditos.

El del gobierno **Sánchez** más parece un *despotismo iletrado* que *ilustrado,* al que falta tiempo para mostrar periódicamente su improvisación, su base en la ocurrencia de alguno de sus ministros , y en la pobre y vergonzosa materialización técnico-jurídica en esos reales decretos leyes a que el gobierno nos tiene ya acostumbrados desde que la dichosa pandemia le dio, primero la excusa formal, y luego las alas para gobernar a través de ellos, sin que la oposición arbitrase los mecanismos oportunos para que **Sánchez** abandonase esa práctica teóricamente excepcional.

Y es que, claro, recurrir a esos cientos de asesores amiguetes y fieles del partido —lo cual, ya lo vemos, no asegura su capacidad para redactar esos decretos leyes—, para que la declaración de las políticas que teóricamente persiguen, sea precisamente un dechado de claridad y coherencia. Más bien, exactamente lo contrario, bodrios profusamente justificados en preámbulos farragosos, ideologizados y, en ciertos casos, aprovechados incluso para meterse con la oposición, para dar lugar después al anuncio de medidas impuestas sin consenso con los sectores y ciudadanos afectados y —por supuesto—, menos aún con la oposición que, así las cosas, cuando llegue a la Moncloa, va a tener que emplear sus dos o tres primeros meses de gobierno en derogar leyes y decretos leyes que no son más que la materialización de un plan de ingeniería social en el que, por un lado, se ha empeñado el sanchismo, y, en otros casos, los fuegos de artificio empleados también por este para desviar la atención sobre los problemas reales de la nación —véase por ejemplo, y en este último caso, la Ley de Memoria Democrática—.

Un ejemplo de normativa que podría inscribirse en el primer grupo es el generado en el departamento de la ministra **Teresa Ribera**, redactado de forma improvisada y sin ningún tipo de diálogo o de consenso con la oposición ni con las partes afectadas (entre otras, los sectores turísticos, del comercio, la restauración o la industria...). La crítica generalizada al texto ha obligado a la vicepresidenta tercera a tener que reunir ayer mismo y de urgencia a los consejeros de todas las comunidades autónomas, reculando así y escondiendo esa soberbia que baña cuantas medidas que, como esta, trata de imponer el gobierno de forma tan poco dialogada.

Igualdad

Pero la falta de conocimiento, casi el analfabetismo cultural y político, no se queda sólo en la redacción de los decretos leyes, sino que salta incluso a las campañas sectoriales a las que nos tienen acostumbrados sobre todo los departamentos de Consumo e Igualdad. Este último, por ejemplo, acaba de meter la pata hasta el fondo con su última ocurrencia, orientada a denunciar que la violencia estética existe en nuestras playas, y que, al parecer, sufren las mujeres gordas, con discapacidades físicas o sin depilar. Aun considerando que el mensaje de fondo de la campaña pueda estar lleno de razón, el cartel que el ministerio ha elegido para denunciar la situación, ha sido el más desafortunado de los posibles. Hasta las redes sociales —muchas veces aliadas de la Sra. **Montero**—, han desatado una oleada de críticas banalizando y ridiculizando el mensaje, sobre todo, porque niegan la existencia del problema que denuncia la campaña.

El cartel muestra a cinco mujeres disfrutando de un día de playa. Con estrías, sin depilar, con un solo pecho, con celulitis, gordas... Y bajo el lema "El verano también es nuestro". Acertado o no el mensaje de fondo, el hecho es que la campaña se ha ido al garete porque ha manipulado imágenes de las modelos que aparecen en él y, además y, sobre todo, porque al menos dos de ellas han sido utilizadas sin la autorización expresa y previa correspondiente de las afectadas. Un error tan flagrante y garrafal que, ni siquiera un alumno de primero de Diseño y Publicidad habría incurrido en él. Aquí lo han cometido tanto la empresa de imagen subcontratada, como los asesores y las autoridades del Ministerio de Igualdad que, ni siquiera han sido capaces de exigir esa formalidad previa.

Uno se pregunta qué idea tiene la administración sanchista de los miles de funcionarios del estado, muchos de ellos técnicos, abogados, economistas, informáticos, diseñadores, etc. que ven cómo unos cuantos asesores o subcontratados por los distintos ministerios llevan a cabo labores para las que ellos están infinitamente más y mejor preparados que los advenedizos.

Los nuevos gobernantes no acaban de creerse que los funcionarios sirven con idéntica lealtad a administraciones de uno u otro signo porque su profesionalidad es lo que les va en ello. Hasta que no asimilen y acepten el error, seguiremos asistiendo a espectáculos públicos tan poco edificantes como estos. ¡País!, que dirían los sabios personajes de las viñetas de **Forges**.

Espadas, falsos patriotas y reyes cabales

(12/08/2022)

No pensaba reincidir en la polémica sobre la espada de **Bolívar** y la sentada del rey **Felipe VI** en la toma de posesión del presidente colombiano **Gustavo Petro**, ya suficientemente glosada, justificada y defendida por analistas políticos, historiadores y jefes de protocolo que, al menos, saben de lo que están hablando. No es ese el caso de los dirigentes morados —**Iglesias**, **Echenique** o **Asens**, pongamos por caso—, cuyo único objetivo sigue siendo alimentar una nueva y artificial forma de volver donde suelen: calentar a las bases para que no cunda el desánimo tras los últimos y reiterados batacazos electorales en Galicia, Madrid, Castilla-León y Andalucía. Cualquier excusa es buena, y esta es de las clásicas para restañar las heridas y volver a ilusionar a las abatidas bases: la malvada España sigue deshonrando al indígena, como ya hizo hace más de 500 años.

Efectivamente, cinco siglos después, la leyenda negra persiste. Generada por intereses bastardos de otras potencias extranjeras contra España, la trola histórica ha seguido engordando sin que el esfuerzo de nuestros historiadores haya obtenido aún el fruto de desarmarla porque es un conjunto de patrañas interesadas cuyo objetivo no era más que el de que los países colonialistas que la generaron pudieran salvar su cara: nosotros quizás fuimos malos, pero los españoles fueron aún peores que nosotros. No vendría mal a los dirigentes morados echar un detenido vistazo al libro de **María Elvira Roca Barea**, *Imperiofobia y la leyenda negra* (Ed. Siruela, 2017), para ayudarles a poner las cosas en su sitio.

La consecuencia no es ya la evidente pérdida de influencia de España en casi toda Sudamérica, sino la animadversión generada entre sus élites políticas, que aún se han visto más pronunciadas desde que la izquierda radical y populista ha ido alcanzando la presidencia de la república en países como Venezuela, Ecuador, Bolivia, México, Chile, Argentina o, ahora, Colombia, país en el que curiosamente y en mi modesto entender, se habla el mejor español del mundo.

El complejo de nuestras autoridades, cuando no su falta de cultura y la interesada agitación de la izquierda populista patria, patológica y permanentemente obsesionada con todo lo que contribuya a denostar a la Corona. Aunque eso suponga volver a cabalgar con sus propias contradicciones. Como acertadamente ha señalado **Javier Lambán**, el presidente socialista aragonés, más valdría que los morados comenzaran por no denostar ellos sus propios símbolos constitucionales, la bandera y el himno nacionales, y no secundar falsas polémicas con una espada (posiblemente falsa), de **Simón Bolívar**, un asunto que ni siquiera figuraba en el protocolo inicial del acto y que, además, ni ha ocupado espacios relevantes en los medios de comunicación colombianos.

Perdimos la guerra del relato y la del nombre al dejarnos arrebatar el término Iberoamérica e Hispanoamérica por el de Latinoamérica que, aun siendo correcto, no es el más exacto como lo son cualquiera de los dos primeros. Y, a fuer de dejar hacer y dejarlo pasar hemos consentido que hoy hasta China y Rusia tengan mayor capacidad de interlocución con los países hermanos que nosotros mismos. Algún gobierno alguna vez debiera ya intentar dar la batalla histórica, cultural, diplomática y económica para situar las cosas en su lugar, a saber, que la contribución de España en tierras americanas ha sido ejemplar desde todos los puntos de vista.

Por una vez, y sin que sirva de precedente, la parte socialista del gobierno de España ha estado más cerca de la verdad y el sentido común y, a través de distintos ministros, ha quitado hierro al asunto y, si no ha defendido al rey, al menos tampoco ha echado leña al fuego y ha quitado importancia a las reacciones de los líderes podemitas. Si este fuera el comienzo de un cambio de rumbo en la coalición de gobierno, sería para ir echando ya las campanas al vuelo. Pero, no sueñen, no va a ser así. No son más que juegos florales en el aburrido estío de una España que, a fuer de no tener problemas serios —dos cifras de inflación, crisis energética, secesionismo catalán, deuda externa, sectores económicos ya casi al borde de la quiebra...—, se inventa nuevas y apasionantes polémicas como esta de la espadita de Bolívar.

¿Volverán las oscuras golondrinas?

(18/08/2022)

Al más puro estilo autoritario, en pleno verano y tramitada urgentemente —lo cual significa, entre otras cosas, que apenas sí se ha dado tiempo a la oposición a que estudie la nueva normativa en profundidad para proponer mejoras y textos alternativos en el Congreso—, el gobierno ha aprobado en su último Consejo de Ministros el Anteproyecto de Ley de Información Clasificada, que viene a sustituir a una de las últimas leyes franquistas aún en vigor, la de Secretos de 1968.

Aprovechando que el Pisuerga sigue pasando por Valladolid, aunque sea con un cauce a menos de medio gas, el articulado del nuevo anteproyecto de ley esconde normas que atacan gravemente a la libertad de expresión. Eso es, al menos, lo que ve la FAPE, principal federación de periodistas de España, que ha mostrado ya su alarma y su enorme preocupación por los derroteros de recortes de las libertades que nuevamente toma el gobierno.

Ya nos temíamos algo así a principios de diciembre del año pasado, y lo advertíamos en una columna que titulábamos *Pseudoneolibertad de información y censura* (https://www.diariocritico.com/opinion/jose-miguel-vila/pseudoneolibertad-de-informacion-y-censura), recriminando la iniciativa que entonces tomaron los directores de comunicación de los partidos que conforman el gobierno (PSOE y Unidas Podemos), secundados por los colegas de los partidos que les apoyan desde fuera (Bildu, ERC, Más País, BNG…), en el que pedían al Congreso que "vete y expulse a determinados medios de comunicación de las Cámaras por considerarlos radicales". Y lo afirmaban en base a ciertas cuestiones incómodas que los periodistas acreditados plantean frecuentemente a los portavoces de esos partidos en las ruedas de prensa que convocan.

Está claro: si no nos gustan las preguntas de los periodistas de ciertos medios, o la línea editorial de estos sigue siendo abiertamente crítica con el gobierno de la nación, vamos a dificultarles su labor y, si se ponen chulos, lo mismo los cerramos también. Una reacción al más puro estilo chavista o del nicaragüense **Daniel Ortega** que, precisamente, estos días está dando lecciones prácticas de "libertad de información" cerrando varios medios que dan cobijo a voces de la oposición *nica*.

Hasta ahora los secretos oficiales dependían del ministerio de Defensa, pero, según el nuevo anteproyecto, van a pasar a manos del ministerio de la Presidencia, Relaciones con las Cortes y Memoria Democrática, que es tanto como decir que pasarán de manos de **Margarita Robles** a las de **Félix Bolaños**, el último *alter ego* de **Pedro Sánchez**.

No son sólo los periodistas quienes han mostrado ya su honda preocupación ante el inquietante paisaje que marca la nueva ley, sino también reputados juristas que ya se llevan las manos a la cabeza por la pretensión del gobierno de implantar «un control total y absoluto de la información».

La extensión del concepto de 'secreto oficial', ahora pasaría de tener dos niveles a cuatro (alto secreto, secreto, confidencial y restringido, expresados de mayor a menor plazo para su desclasificación).

Lo cierto es que, si finalmente se aprueba esta nueva clasificación en los términos avanzados, serán mucho más los temas que se volverán opacos a la opinión pública y el gobierno no va a querer dejar en la tentación de ocultar asuntos, no ya que afecten a la seguridad del estado (cosa lógica y que ya prevé la Ley de Secretos de 1968), sino que, ampliando el abanico, afectará también a todos aquellos asuntos que al ejecutivo le sitúen en una posición de incomodidad ante la opinión pública. Pensemos, por ejemplo, en los recientes casos Pegasus, Plus Ultra, el repentino cambio de postura frente a Marruecos con el problema del Sáhara, o posibles casos de corrupción que afecten al gobierno y su entorno. Estos asuntos, sin duda, una vez aprobada la nueva ley, seguro que entrarían de lleno en alguno de los cuatro apartados que propone y se hurtaría su información o su comentario a la ciudadanía.

Es curioso cómo partidos y políticos cambian habitualmente su concepción sobre los grandes temas en función del lugar que ocupen en cada momento en el hemiciclo: gobierno u oposición. A **Pedro Sánchez** se le llenaba la boca de libertad, de más democracia y de mayor participación del pueblo cuando estaba en la oposición. Ahora, que maneja los hilos del poder, no sin grandes dificultades que le llevan a concesiones continuas a ERC y a Bildu, es mucho más propenso a la opacidad que a la transparencia en sus acciones de gobierno, a decir una cosa y la contraria y, al final, a hacer siempre la que más conviene a su permanencia en Moncloa más que al bien de la ciudadanía.

Podríamos seguir aquí hablando y argumentando, pero siempre se nos dirá que lo hacemos a ciegas, sin conocimiento del texto final de la nueva ley, que ni siquiera ha sido debatida en el Congreso y el Senado. Aun así, seguimos pensando lo mismo: por un lado, como ya acuñó la FAPE hace unos años, puede afirmarse sin ningún tipo de tapujos que "sin periodismo no hay democracia". Y, por otro, tal y como apuntábamos en nuestra columna de opinión a la que aludíamos más arriba, "a nosotros nos basta con un solo artículo para marcar las reglas del juego informativo: las consignadas en el artículo 20 de nuestra Constitución".

Desconfiemos de todos aquellos que hablan mucho de libertad de expresión, pero la niegan en la práctica a quienes no piensan como ellos. Vamos, que, si la sociedad no despierta de la modorra veraniega, en cuatro días tenemos aquí otra vez la censura previa, y entonces sí que "volverán las oscuras golondrinas…", y no precisamente las de **Gustavo Adolfo Bécquer**.

Manual de intoxicaciones (nueva edición)

Hace sólo unos días **Pedro Sánchez** abandonó momentáneamente la cala a dónde se asoma curioso el palacio real de La Mareta (¡pelillos a la mar océana!), para hacer una visita de doctor a La Palma —la décima desde que rugió el volcán— y, de paso, dar una nueva lección a los impacientes periodistas que le aguardaban, micrófono en mano, para escuchar sus arrogantes declaraciones. Esta vez sí, las hubo y las plumillas tuvieron que escuchar a un **Sánchez** campanudo y retador eso de que «No entra en mis planes hacer ninguna crisis de Gobierno». Si lo hubiera dejado ahí, vale. Pero no, el presidente no se resistió a completar la declaración sin añadir una coletilla didáctica y aleccionadora acusando a los medios que están informando de esa posibilidad de «intoxicar» con el espurio fin de dar la sensación de inestabilidad en el seno del gobierno.

Déjenos el señor presidente recordarle —sin ánimo de molestar, por supuesto—, que el primer día de julio de 2021 negó también, aunque de forma menos vehemente, cualquier posibilidad de cambio en su ejecutivo y, sin embargo, diez días después era él quién se desmentía a sí mismo anunciando una fuerte remodelación en el gobierno.

Ateniéndonos a la cercana historia —tiemblo porque no sé si esto entra o no de lleno en la Ley de Memoria Democrática—, puede afirmarse que **Sánchez** mintió una vez más. ¿Vuelve a hacerlo ahora? Admito apuestas, pero estoy seguro de que sí, de que mucho antes de que la legislatura concluya, probablemente ya antes de las navidades 2022, veremos un nuevo ejecutivo y si aún no lo ha hecho es sencillamente porque la parte morada del mismo hay que estudiarla con mucho más mimo y cariño porque, si no, la cabeza del presidente corre el peligro cierto de oler a pólvora.

A nueve meses vistas, las elecciones municipales y autonómicas, y con los manifiestamente mejorables antecedentes que arrastra el partido del gobierno en las últimas llevadas a cabo (Andalucía, Castilla-León, Madrid y Galicia), no parece que aquella remodelación haya logrado la reactivación de los votantes socialistas sino todo lo contrario. Y eso que en nuevo gobierno incluía a mujeres militantes de segunda fila que, precisamente, tenían en común lo de venir del ámbito municipal. Un año después, aseguraría que es mayoría el número de ciudadanos que no sólo desconocen sus nombres, sino tampoco —y menos aún—, sus áreas de gobierno. Así las cosas y tras el fracaso cosechado, no parece muy razonable abordar las nuevas citas electorales con el mismo equipo perdedor.

Los cambios ya llegaron —*manu militari*, eso sí—, al máximo órgano del partido tras la forzada dimisión de la asturiana **Adriana Lastra** como número dos del partido. **Sánchez** la ha sustituido por **María Jesús Montero**, también ministra de Hacienda, y ha rescatado al histórico —y en otro tiempo adversario aspirante a la secretaría general del PSOE—, **Patxi López**, que ha asumido la portavocía en el Congreso. Ambos forman parte de ese núcleo duro del partido y del gobierno, el 'sanedrín', compuesto por ocho pesos pesados que, en la práctica, sustituirá a los máximos órganos de gobierno del partido y, paralelamente, será también el gobierno del gobierno, con permiso de la parte morada del mismo y si **Yolanda Díaz** no lo impide.

La vieja manía de acusar al otro de los mismos pecados que uno tiene ("¡y tú más…!"), ya no cuela aquí. A fuer de caer siempre en las mismas prácticas y en los mismos tics, **Sánchez** ya no convence a nadie. Peor aún, nadie cree ya lo que afirma, se ponga lo serio que se ponga. Y es que ha llevado tantas veces el cántaro a la fuente para "Dar un exceso de información manipulada con el fin de crear un estado de opinión propicio a ciertos fines", o sea, a intoxicar, que al ciudadano declaraciones como esa, le entran por un oído y le salen por el otro. Si dice, que *diza*, que diría un castizo.

Indultos a gogó

El Tribunal Supremo ha confirmado hace sólo unas semanas los duros fallos dictados en su día por la Audiencia Provincial de Sevilla. Ha condenado a la pena de seis años de prisión a **José Antonio Griñán**, el que fuera presidente de la Junta de Andalucía y del PSOE, por malversación multimillonaria —casi 700 millones de euros—, de caudales públicos de los ERE en Andalucía, el mayor caso de corrupción en la historia de España. Con él han sido condenados también por la Sala de lo Penal del Supremo, aunque a penas mucho menos graves por delitos de prevaricación y fraude, **Manuel Chaves** y otro par de decenas más de altos cargos de la Junta, necesarios colaboradores para que esos casi 700 millones de euros defraudados pudieran salir sin control de las cuentas públicas de la comunidad autónoma andaluza.

Del celo que puso **Pedro Sánchez** en denunciar la corrupción partidista habla por sí solo el hecho de que fue precisamente una de las denuncias contra el PP y **Rajoy** la gota que colmó el vaso para que este último fuera batido por la moción de censura que presentó **Sánchez** en el Congreso de los Diputados, y que está en la memoria de todos. Pero, además, también llevó en 2015 al Congreso, apenas un año después de alcanzar la secretaría del partido, una iniciativa parlamentaria para que en ningún caso se procediera a «la concesión de indulto, total o parcial, cuando se trate de delitos cometidos por una autoridad en el ejercicio de su función o cargo público, o prevaliéndose del mismo, con la finalidad de obtener un beneficio económico para sí o para un tercero».

Si no para ser justos, sí al menos totalmente claros, esa iniciativa debiera de haber terminado diciendo, más o menos, que eso es así, "salvo que el condenado sea socialista, o forme parte de alguno de los partidos que sostienen al gobierno Frankenstein". Ese es el caso de **Griñán**, y lo fue también de los nacionalistas catalanes de ERC y partidos afines condenados por el golpe del 1-O.

El cinismo del presidente del gobierno y secretario general del PSOE, así como de todos aquellos compañeros de filas que secundan la más que probable iniciativa del gobierno de aceptar un posible indulto para **Griñán**, debiera extenderse también al resto de los dirigentes condenados por idénticos hechos, pero con un grado de responsabilidad muchísimo menor. Luego, lo de explicarlo al ciudadano —incluso al votante del PSOE—, es ya harina de otro costal. Cómo influirá esa decisión en la opinión pública, de producirse ese indulto, ya se encargarán las urnas de demostrarlo dentro de unos meses, en las primeras votaciones a escala nacional que se lleven a cabo —las municipales y también autonómicas en varias comunidades, en la próxima primavera—.

Con todo, no sería eso lo más grave, de seguir adelante y por este camino. Lo de que "en España la ley se cumple", que le lanzó el presidente a **Díaz Ayuso** ante una posible insumisión de la presidenta madrileña ante el decreto ley de medidas conducentes al ahorro energético, redunda más en la línea de que esa máxima sólo toca a unos pocos. De ella, según se ve, están exentos los separatistas catalanes, que se pasan las sentencias del Tribunal Constitucional y del Supremo por el arco del triunfo, y sin que un solo miembro del gobierno se atreva a afearles la conducta, ni siquiera *sotto voce*. Y, por lo que vamos a ver, tampoco para los dirigentes socialistas condenados por sentencia, nada más y nada menos, que del Tribunal Supremo. Ergo "no todos somos iguales ante la ley". Ni ciudadanos, ni partidos. Parece que unos pueden y deben ser condenados por delitos de corrupción, pero cuando esta es cometida por cercanos al gobierno socialista, se puede mirar para otro lado y, en todo caso, sacar a colación aquello de "pelillos —socialistas e independentistas— a la mar".

Oposición a la oposición

Un pequeño cementerio, a tiro de piedra del madrileño Puente de Toledo, La Sacramental de Santa María, acoge el sepulcro de uno de los grandes de la literatura dramática española, **Enrique Jardiel Poncela** (1901-1952). En su sepultura figura un epitafio digno del personaje que levanta una mueca tan amarga como reveladora en el visitante que se topa con él: "si buscáis los máximos elogios, moríos". Una verdad que —al menos en España—, resucita con frecuencia cada vez que alguien tiene el *mal gusto* de morirse, real o metafóricamente hablando. Sin ir más lejos, ¡quién diría hace sólo unos meses que hasta el sanchismo iba a echar de menos a **Pablo Casado**!

Es tal el desconcierto y el nerviosismo que recorren los despachos de Moncloa y de Ferraz, que este mismo verano —las cosas van a mil en este país…—, ministros y dirigentes del partido socialista han salido en tromba, como un solo hombre y con una sola voz, a lanzar toda clase de soflamas, improperios y hasta insultos contra ese hombre flemático, centrado, prudente y listo como todo hijo de Breogán, que más parece venido de la Gran Bretaña que de esa tierra repleta de sortilegios y meigas que lo único que comparte con la pérfida Albión es la mar océana.

Y esa fama de prudente que traía ya **Alberto Núñez Feijóo** va adquiriendo aires heroicos, no sólo ante el batallón de críticas sino también de insultos personales al nuevo líder del PP. A los socialistas, al parecer, no les gusta el manejo que **Feijóo** hace de su partido y de sus varones, lo cual probablemente indica que es el mejor posible, es decir, el que más daño hace a sus oponentes políticos.

Es tal la inquina de Ferraz y Moncloa contra el político gallego que hasta se han olvidado de **Isabel Díaz Ayuso**, la presidenta madrileña, que habrá podido perderse por alguna playa sin que las andanadas de sus adversarios la hayan perseguido implacables como venía sucediendo hasta ahora. Su jefe, por el contrario, que había buscado el refugio de su tierra gallega, y que ha predicado con el ejemplo de dejar a los líderes autonómicos que gestionen sus propios asuntos, ha tenido que desayunarse cada mañana con nuevas, crecientes y desagradables andanadas verbales.

Sí, el presidente del PP ha sido el blanco de prebostes socialistas que, incluso en vacaciones —**Sánchez** el primero—, han encontrado un hueco en sus apariciones públicas para llamar de todo a **Feijóo**: desde "mentiroso, ignorante, sectario e incompetente", hasta "obstruccionista" y "negacionista", desde "insolvente, inmaduro, cínico y con poco sentido de Estado", hasta que "no es de fiar".

Se me viene a la cabeza ese viejo aserto castellano que recuerda al más pintado eso de que «cree el ladrón que todos son de su condición». Y lo digo porque todos y cada uno de esos calificativos e insultos los ha venido recibiendo el hoy presidente del gobierno, no de parte de los líderes populares —al menos, no sólo….—, sino desde voces de ciudadanos de a pie en las escasas pero sonadísimas apariciones de **Pedro Sánchez** en plazas públicas, y eso que desde Moncloa se mide al milímetro cada una de esas apariciones del presidente que, con todo y con ello, no puede soslayar que el malestar y la censura espontáneas del ciudadano a sus políticas se transformen en esas mismas críticas e insultos de argumentario lanzadas ahora premeditada y planificadamente contra **Feijóo** desde chiringuitos, yates y mansiones socialistas.

Si los planes gubernamentales para frenar su caída libre en las encuestas, reflejada ya incluso por el Centro de Investigaciones Sociológicas —sí, hombre, el CIS de **Tezanos**—, que también comienza ya a dar la victoria a los de **Feijóo**, me parece que vuelven a errar en la estrategia. En vez de loar sus propios aciertos — ¡claro que son tan pocos…! —, vuelven a dedicarse a denostar a la oposición, jugando ya a ser la oposición de la oposición y calentando motores para ir convocando huelgas generales y batallas callejeras ante la magnitud de los problemas que **Feijóo** va a heredar de la ligereza sanchista y morada a la hora de ampliar la deuda pública y de seguir ahogando con impuestos a ciudadanos, pequeñas, medianas y grandes empresas.

Las voces del gobierno ya vienen avisando a propios y a extraños que este otoño e invierno van a ser muy duros en España. Perogrullada innecesaria porque, con gobiernos como este, vamos viendo que todo es susceptible de ser empeorado. Las reflexiones que la visión sosegada y serena que debieran traer estos días de descanso para los señores ministros, acerca de la conveniencia o inconveniencia de ciertas decisiones adoptadas, debieran derivar en autocrítica. Pero ese concepto, al parecer, está desterrado del vocabulario gubernamental.

Garzón, inasequible al desaliento, ataca de nuevo

(27/08/2022)

Hace unos cuantos años en España, en pleno nacionalcatolicismo franquista, atreverse a disentir, criticar o proclamarse librepensador, religioso, pero de forma particular y no en el seno de iglesia alguna, o lanzar públicamente y a voz en grito insultos, vituperios o procacidades que pusieran por medio el nombre de dios en tu boca, podría costarte una multa, alguna noche en el calabozo y, desde luego, el alejamiento y el desprecio de vecinos y paisanos.

Ahora, todo eso me parece que sucede con la nueva religión, la del ecologismo y el medio ambiente. Si eres agricultor y usas pesticidas contra las seguras plagas que atacarán a tus cultivos; si eres pescador y en el barco, en lugar de bucólicas y melodiosas liras para atraer a los peces, utilizas redes convencionales; si eres partidario de las nucleares, te gustan los toros, fumas a menos de cien metros de un congénere, no ves con malos ojos la existencia de granjas intensivas, o la práctica de la caza, tienes asegurado el estigma, la sospecha, la desconfianza, el desprecio, el señalamiento y la etiqueta —a veces, incluso, el escrache— de estos nuevos vigilantes, organizadores y pseudoamigos de la naturaleza que han surgido en los últimos años al amparo de modas ideológicas, subvenciones y chiringuitos.

Para esta moderna inquisición de lo políticamente progre y correcto, a poco que te desvíes de la doctrina oficial del ecologismo, pronto te cuelgan el sambenito, el anatema, la denuncia, la desaprobación y la condena. Pregúntaselo, si no, a las gentes del campo —agricultores y ganaderos—, y gentes de la mar, aunque pongan como razones de sus milenarias prácticas que vienen de generación en generación para cuidar, mimar, trabajar y vivir haciendo de la agricultura o la pesca, y del cuidado del entorno que facilitan esos productos, su profesión, su *modus vivendi*. Nadie, pues, más interesado que ellos en que la tierra, los pastos, los bosques, los animales y el mar puedan seguir siendo explotados en el sentido más respetuoso, natural y humano del término.

Pero, a vista de los modernos ecologistas, estos 'advenedizos' (agricultores, ganaderos y demás oficios derivados del sector primario), a lo sumo, podrían encuadrarse dentro de un segundo orden de ecologismo, más primitivo y sin fundamento alguno. Vamos, que serían algo así como ecologistas de pueblo, o de provincias, como se decía en tiempos del nacionalcatolicismo. Una arrogancia, un sinsentido que ya es generalmente admitido por la sociedad urbana y que nos está costando muy caro, y de no poner cuanto antes cada cosa en su sitio, me parece que aún nos va a costar mucho más.

Uno de los adalides de este neoecologismo guay y progre es, sin duda, nuestro ministro de Consumo, **Alberto Garzón**. Los medios críticos censuran su inacción, el hecho de que pasen meses y meses sin que nadie sepa nada de su actividad en ese flamante ministerio creado por **Pedro Sánchez** por mor de la cuota morada en el gobierno de coalición, y de ahí que pongan en duda la necesidad —más aún en tiempos de crisis y recesión como los que estamos abocados a vivir durante muchos más meses—, la propia existencia del organismo ministerial. Uno, sin embargo, que es cada vez más escéptico, aunque sólo sea por razones de edad, considera siempre que, del mal, el menos. Y así, lo mejor es no saber nada de lo que hace o deja de hacer el joven ministro porque, de otra forma, cada vez que se mueve, tiemblan ganaderos, supermercados, agricultores, transportistas y hasta fabricantes de juguetes.

La última, pionera y ecologista idea de don **Alberto Garzón** es la de obligar a los mataderos a instalar cámaras de videovigilancia para luchar contra el maltrato animal, convirtiéndose así nuestro país en el primero de Europa que adopta esta iniciativa. Esas cámaras, al parecer, deben de estar instaladas tanto en las zonas en las que haya animales vivos como en los muelles de descarga y en las salas de despiece, aturdimiento y ejecución del animal. Como puedes imaginar, la Coordinadora de Organizaciones de Agricultores y Ganaderos está que trina.

No creo que en futuras reuniones ninguna de sus asociaciones integrantes proponga declarar al señor ministro miembro honorario, ni que se le vaya a entregar insignia alguna de reconocimiento a su labor en pro de los sectores agropecuarios.

Por lo que uno oye y lee por acá y por allá, nuestro país es uno de los que tienen normativas más exigentes en asuntos de estabulación animal y mataderos. De hecho, en cada matadero ya hay un veterinario oficial que certifica que el trabajo se ajusta a las normativas tanto sanitarias y medioambientales como de bienestar animal.

Pero debe de ser que **Garzón** no se fía de sus propios funcionarios, o personas delegadas en el cumplimiento de estas normativas —hablo de los veterinarios oficiales—, cuando salta ahora con esta nueva ocurrencia. No les falta otra cosa a los ganaderos que añadir un gasto más al de la energía, el transporte, la alimentación, etc. de su ganado. 700 mataderos necesitarán de este sistema de videovigilancia, que tiene un coste medio de 4 500 euros y estarán también obligados a contratar un servicio de mantenimiento de los equipos.

Yo tampoco me fío mucho de lo que se cuece en el ministerio de Consumo, así es que propongo la instalación de estos mismos sistemas de videovigilancia en sus dependencias, de modo que todos los españoles podamos ver en qué y cómo se gastan nuestros impuestos ministerios tan peculiares como este, que legisla —eso sí, siempre a golpe de decreto ley, que es la forma jurídica casi exclusiva del gobierno **Sánchez** (el rey del decreto ley), le llaman—, pero que casi sería mejor que no hiciese nada porque cada vez que el ministro abre la boca, o publica un nuevo decreto, es como un tsunami para el consumo, y seguro que habrán también empresas que estarán más cerca de la quiebra y trabajadores del desempleo.

En un episodio anterior, y para servir de inequívoca ayuda al sector, **Garzón** declaró en una entrevista concedida por el ministro al diario británico *The Guardian*, que España exporta carne de mala calidad de animales maltratados, procedentes de macrogranjas. Con ministros así, no les hace mucha falta buscarse enemigos a nuestros agricultores y ganaderos.

Por otro lado, lo mismo habría que extender esa misma videovigilancia a la Moncloa y al resto de ministerios porque, bien pensado, **Garzón** no hace ni más ni menos que sus compañeros de gabinete, que siguen gobernando, apoyados por esa legión de amiguetes asesores nombrados a dedo, a base de decretos leyes, y sin encomendarse ni a Dios, ni al diablo, ni siquiera a los sectores afectados y menos aún —¡lagarto, lagarto…! —, a la oposición. Así las cosas, todos nos vigilaríamos a todos, y así habrá pruebas de lo que queramos acabar consignando. Pero que no cunda el optimismo judicial, porque indultos, lo que se dice indultos, sólo existirán para unos pocos. ¿Adivinas para quién?

La musa roja

Yolanda Díaz nos ha dicho —severa, lánguida, sugestiva y sensual, como siempre—, que apoya y alienta las movilizaciones sindicales ante la patronal para subir el salario mínimo por enésima vez en los últimos meses. La vicepresidenta segunda y ministra de Trabajo asegura que el Ejecutivo elevará el SMI "más que nunca" ante la creciente inflación, saltándose así cualquier receta ad hoc, de becarios tan despreciables como el Banco de España, el FMI o los diversos centros de estudios económicos de otras prestigiosísimas instituciones financieras nacionales e internacionales.

Al paso de la siniestra declaración de intenciones de **Díaz** ha salido tímidamente el vicepresidente de la CEOE, **Salvador Navarro** (**Garamendi** debe de estar aún en shock por los constantes reveses que ha tenido que metabolizar en los últimos encuentros con la ministra de Trabajo), que considera que su mensaje es demagógico» y que muestra poca empatía con las empresas... Pero, ¡hombre de Dios!, ¿aún no os habéis enterado? Este gobierno no busca otra cosa que destruir la economía productiva, extender la miseria y engordar al extremo la administración pública. A eso apuntan las permanentes subidas de impuestos, la multiplicación de los trámites, tasas y todo tipo de ortodoxias neocomunistas económicas con las que no dejan de atacar a las empresas y con los que no pararán hasta lograrlo y, al paso que vamos, lo mismo lo consiguen antes de finales de 2023, fecha en la que la izquierda gobernante espera nerviosa que el pueblo español les dé boleto para salir de la Moncloa.

Yolanda es única, perfecta, suave en las formas, pero contundente en el fondo. Ahora quiere volver a reeditar y ponerse al frente de la vieja Organización Sindical de **Franco**, pero excluyendo a los empresarios. Ha seducido y engañado ya suficientemente a **Garamendi**, el patrón de patrones, y ahora lo señala, lo tira a la cuneta y, además, quiere que vuelva a pagar la fiesta de la larguísima campaña preelectoral de las elecciones municipales y autonómicas de mayo próximo, una prueba casi de fuego para las generales de finales de 2023.

Yolanda, además, está marcando espacio, mensaje y diferenciación (al menos aparente) frente a **Sánchez** y las chicas de oro de Unidas Podemos. Y, fíjense hasta qué punto que el presidente vuelve a imitar a la musa roja echándose a la calle para visitar de aquí a fin de año docenas de espacios y ciudades para intentar romper esa imagen de Robocop, de aquel **Clint Eastwood** redivivo en su persona de la primera etapa como actor, duro, rocoso, cerrado, distante, perdonavidas y a quién nada se le pone por delante para seguir atado al machito de la Moncloa.

El caso es que tendremos **Sánchez** hasta en la sopa en un imposible ejercicio de cercanía, empatía y casi misericordia cristiana con el ciudadano a lo largo de esos próximos, enervantes y aburridos encuentros con quienes se dejen adoctrinar, y así hasta celebrar en octubre el 40 aniversario del triunfo de **Felipe González**.

Y, entre tanto, y paralelamente, su colega Yolanda sigue trabajando para que los ingresos del estado sigan engordando y así poder disimular mejor esos 65 000 millones de gasto improductivo que se calcula que esta diletante y engordada administración dilapida cada año. Por eso es más necesario que nunca el 30% de lo que en realidad paga la empresa de cada trabajador por él. Y si la inflación sigue subiendo como un caballo desbocado, da lo mismo. Ya vendrá después **Feijóo** a arreglarlo todo y a darnos a nosotros razones para seguir en la calle tras nuestra lideresa rubia, nuestra musa roja, que enardecerá a las masas contra los herederos de **Franco** y el fascismo, que eso ya hemos visto que vende mucho.

Inquietud

La hiperactividad es síntoma inequívoco de que algo anda mal, de que hay que revisar la planificación, los medios, las metodologías, las prioridades o todo a la vez. Sucede en nosotros y sucede en el gobierno. La sorpresa inicial de la aceptación en Moncloa de que **Sánchez** debatiese hace unos días en el Senado con **Feijóo** y que, a pesar de tener cinco veces más tiempo que el líder de la oposición —dos horas y media frente a los pírricos 30 minutos que le otorgaba el reglamento al líder del PP—, la victoria de **Sánchez** en ese cara a cara no se la dieron más que los muy cafeteros y, por supuesto **Tezanos**, el mayor de todos ellos, que ha querido significarse nuevamente para que el líder socialista no lo olvide.

Por otro lado, van las encuestas electorales que, en general, dan cada vez más ventaja a **Feijóo** frente a la clara caída de **Sánchez** y su huida hacia adelante empeñado en no bajar impuestos —ni siquiera el IRPF y el IVA, de forma más generalizada—, para hacer frente a la inflación. Ese es el camino por el que ha optado la gran mayoría de gobiernos de la UE, pero aquí, erre que erre, parece que hay alergia a las soluciones económicas clásicas en la tozuda creencia de que, como somos muy guays, muy progres y todo eso, hay que apretar a bancos y energéticas que, junto a **Putin**, vamos a constituirlos en nuestros enemigos públicos número uno. El pueblo nos lo reconocerá y sabrá así que siempre estamos con él, y frente al gran capital. Si el IBEX 35 da trabajo a miles y miles de españoles, nosotros subvencionamos, que es mucho menos esforzado para el ciudadano y, tarde o temprano, nos lo va a reconocer.

Así las cosas, desde la factoría del marketing político que idean los cientos y cientos de asesores presidenciales nombrados a dedo por **Sánchez**, se ha decidido acusar machaconamente como culpables de todo a los poderes económicos, políticos y mediáticos de la derecha como los auténticos culpables del creciente desprestigio que se acumula en las espaldas del presidente del gobierno. De autocrítica nada.

Ya en su primera salida de esa vuelta a España en 30 mítines también ideada desde las covachuelas monclovitas, parece que ha patinado desde la primera etapa, la de Sevilla. Bastó una pancarta ("¡que te vote Txapote!"), y un humillante abucheo en ese primer encuentro *fake* con el pueblo, para que Moncloa diera marcha atrás y suspendiese inmediatamente la segunda etapa, la de Toledo, y ya veremos qué pasa con las siguientes.

En política hay que partir siempre de los hechos, de la realidad pura y dura. Y los hechos apuntan hoy por hoy a que el presidente del gobierno está acumulando las iras del ciudadano, que ve cómo cada día decrece su poder adquisitivo, y más aún cuando compara su lamentable realidad con esa otra de Alicia en el país de las maravillas que **Sánchez** se empeña en hacer creer al común de los mortales. No sé si alguna vez el ciudadano no militante del PSOE que le dio su voto en las últimas elecciones generales perdonará al presidente sus constantes mentiras, sus engaños de trilero que, además, sonríe por dentro despreciando la inteligencia y la memoria del votante. No lo sé. Pero de lo que sí estoy absolutamente seguro es de que nadie va a olvidar los centenares de muertos que los herederos de ETA tienen anotados en su currículum y que, a pesar de ello, **Sánchez** sigue pactando con Bildu reforma legal tras reforma legal. Al final, tenía toda la razón el autor de la pancarta de Sevilla, va a ser **Txapote** quién entierre electoralmente a **Sánchez**. Si él no tiene reserva ética ni moral alguna para hacerlo, los españoles sí.

Ingeniería social y postureo

Hace sólo unas semanas, cuando se hizo pública la salida de la primera parte de mi libro 'Sanchismo, mentiras e ingeniería social' —si te interesa, búscalo en Amazon—, algún amigo y partidario del líder del PSOE y actual presidente del gobierno me afeó, sobre todo, que vinculase esta etapa de gobierno con el concepto de *ingeniería social.* Podríamos discutir largo y tendido sobre si esta intención es voluntaria o sirve sólo para encubrir a través de escándalos encadenados otros errores y carencias esenciales del gobierno, pero lo evidente es que el hecho está ahí.

Propiciar que menores de edad puedan abortar sin conocimiento de sus padres (aunque no puedan conducir o beber alcohol), brindar la eutanasia a cualquier adulto que quiera acabar con su vida y, más recientemente, lanzar a la sociedad la posibilidad de legalización de la pederastia, no es otra cosa que intentar socavar los principios y valores seculares que han sustentado esta sociedad a través de mecanismos propios de la llamada *ingeniería social.*

Casualmente —o quizás no tanto, quién sabe—, las tres iniciativas citadas han surgido del mismo sitio, el ministerio de Igualdad, a cuyo frente está una de las lideresas de Unidas Podemos, **Irene Montero**.

Las dos primeras cuestiones han adquirido ya el rango de ley. La tercera, apenas sí ha echado a andar, pero, probablemente, pronto adquirirá también carta de naturaleza legal si la sociedad permanece aletargada y dormida hasta el punto de que no le importe que sus propias *hijas, hijos e hijes* puedan verse afectados por esta nueva y particular óptico de las relaciones sexuales.

La cosa empezó hace sólo unos días cuando **Irene Montero**, la ministra más feminista del mundo mundial, declaró en la comisión correspondiente del Congreso de los Diputados que cualquier menor puede amar o tener relaciones sexuales con quien le dé la gana si no es forzado a ello, es decir, si lo consiente libremente. Supongo que es la meta a la que se quería llegar a partir de la implantación de esas controvertidas clases de educación sexual a niños menores de 10 años con las leyes basadas en la ideología de género. Desde los medios conservadores se ha instado a la ministra a que se desdiga, a que pida perdón por una afirmación de semejante calado, y se ha llegado a dudar de que la señora ministra sea consciente de lo que acaba de proclamar.

Yo, sin embargo, no espero ninguna petición de perdón y estoy más que persuadido de que **Montero** sabe muy bien lo que dice. La ministra se ha mostrado públicamente —lo ha dicho en Twitter—, como seguidora de la escritora francesa **Simone de Beauvoir**, teórica del feminismo contemporáneo y autora de *El segundo sexo* (1949), uno de los textos de cabecera del nuevo feminismo. Además, la que fuera pareja de **Jean Paul Sartre** (más ideológica que sentimental, pues ambos habían pactado la plena libertad de mantener relaciones sexuales con otras personas), firmó en 1977 una carta pública junto a otros intelectuales a favor de la liberación de tres pedófilos presos desde hacía tres años. Los firmantes restaban gravedad al hecho de que los adultos tengan algún tipo de contacto sexual con menores.

Coherencia

Así las cosas, lo que sí echo de menos, por pura coherencia ideológica, es alguna manifestación inmediata de la ministra y de sus seguidoras en favor de todos estos sacerdotes acusados de haber cometido abusos sexuales con niños y jóvenes que la misma Iglesia está ahora rescatando del olvido para juzgarlos con la dureza y severidad que estos casos merecen. Claro, que pedir coherencia a esta jovencita que ha saltado de la caja del supermercado al manejo de parte de los presupuestos generales del estado en un abrir y cerrar de ojos, es como pedirle peras al olmo.

A **Montero** le faltó tiempo para condenar públicamente la muerte de **George Floyd**, aquel hombre negro y estadounidense de 46 años, después de ser arrestado por la policía en Minneapolis. No ha obrado, sin embargo, con la misma diligencia y celeridad para condenar otra muerte, la de una joven iraní de 22 años **Mahsa Amini**, que falleció en Teherán hace sólo unos días bajo custodia policial después de ser arrestada por la Policía de la Moral, que la detuvo por no llevar bien colocado el *hiyab* o velo islámico. Las protestas de las mujeres iraníes se han sucedido desde Teherán hasta el Kurdistán iraní, de donde era originaria la joven, y han tenido también un amplio eco en Occidente a través de las redes sociales, pero ni la ministra **Montero**, ni ninguna de los altos cargos de Igualdad han abierto la boca para condenar la muerte de **Mahsa**.

No quiero pensar que el silencio ministerial tenga nada que ver con la ayuda económica que, al parecer, ha prestado el régimen iraní a la coalición de izquierda radical española ya desde que su antiguo líder, **Pablo Iglesias**, colaborase en *Hispan TV*. Una prueba más de que la política hace extraños compañeros de cama, hasta el punto de que lo mismo se puede comenzar a querer despenalizar la pederastia que admitir el dinero de un régimen, el iraní, que castiga el adulterio con la lapidación hasta la muerte, que ejecuta mediante la horca a los homosexuales, o que puede llegar a matar a golpes a una joven por el imperdonable delito de dejar libres unos rizos fuera del *hiyab*. Eso se llama coherencia.

Tampoco ningún otro miembro —o *miembra*—, del gobierno ha abierto la boca para condenar la violencia contra la mujer en Irán. Ni siquiera **Pedro Sánchez**, que ha prometido en Nueva York cien millones de euros a organizaciones feministas vinculadas a la ONU, se ha atrevido a condenar al régimen iraní por el trato que dispensa a la mujer, escudándose en que "no conozco el detalle de la información…". Han pasado ya varios días y el silencio del gobierno y su presidente sigue siendo atronador y, mientras tanto, continúa la brutal represión que sufren miles de iraníes —ellos y ellas—, simplemente por reclamar que se trate como seres humanos a las mujeres.

Meritocracia

(30/09/2022)

Aquello de que el trabajo, el estudio y el esfuerzo son las condiciones *sine qua non* para poder saltar en el escalafón social pasó a mejor vida desde que nuestros jóvenes han descubierto que mucho mejor que llegar a la universidad, superar un par de másteres o hacer el doctorado, es más práctico profesionalizarse en el ámbito de la política. Si te haces militante cuando llegas a la mayoría de edad, por ejemplo, y te esfuerzas en arrimar el hombro en un par de comicios, participas con vehemencia en las asambleas y convenciones del partido, y te haces notar un poco sin sacar el pie del plato, es muy fácil que tres o cuatro años después entres como candidato en tus primeras listas —probablemente como concejal de tu pueblo o ciudad en las municipales—, y de ahí al parlamento autonómico e, incluso, al nacional, hay un ligero trecho que puedes atravesar con un poco de suerte.

Claro que luego sucede lo que sucede, que nuestros políticos no saben ni hablar ni escribir correctamente siquiera esos cortos mensajes de Twitter de apenas 140 caracteres. Incluso ahí puede verse si se ha pasado o no por la facultad. Pero si alguien echa en cara al iletrado político que no hubiera estado demás que hubiera estudiado algo, pronto tira de argumentario y contesta al crítico que está afectado por la titulitis, por eso de creer que sólo en el ámbito académico es donde se pueden sentar las bases teóricas del conocimiento y de su expresión.

El día a día, sin embargo, muestra que es mucho más fácil moverse por la administración, las empresas o en la misma universidad, si el carnet de militante se exhibe en el lugar y en el momento apropiados. A algunos, ni siquiera les hace falta porque tiran de linaje y esa condición resulta siempre mucho más eficaz que la de militante y más aún si se juntan las dos reunidas en una misma persona...

Miren, si no, algunos ejemplos. Para empezar, el de **Begoña Gómez**, esposa de **Pedro Sánchez**, que ha tenido fácil
ocupar una cátedra sin ser doctora en disciplina alguna. Poco
después de llegar a la Moncloa, a **Begoña** le prepararon su carrera profesional elevándola a la categoría de directora de la
cátedra extraordinaria en Transformación Social Competitiva
de la Universidad Complutense, a pesar de que —al menos que
yo sepa—, no tiene doctorado alguno, condición exigible al
común del profesorado universitario restante. Eso podría llamarse *suerte*, pero distaría mucho de la realidad y mucho me
temo que, de no ser la mujer de quien es, probablemente ni se
hubiera creado esa cátedra, ni la señora **Gómez** ocuparía su
dirección. Apuesto a quien quiera que, una vez que abandone la
Moncloa, no dura ni un mes más en el cargo y, posiblemente,
también la cátedra neonata se diluya al tiempo que su directora.

Entre tanto, sin embargo, el ciudadano común puede ir
anotando ideas tan profundas como las que ha soltado la directora de cátedra en el reciente I Observatorio de los Objetivos
de Desarrollo Sostenible, organizado por el diario *El Español*.
Afirmaba **Gómez** que «El tiempo se va y jamás vuelve», o que
«No seamos indiferentes ante nuestra realidad. Los desafíos son
urgentes, seamos estratégicos, pensemos en nuestra transformación social, cómo genera un impacto positivo». Tan profundas cavilaciones me han trastornado y, desde que las leí, no dejo
de pensar en ellas. Para muchos españoles, sin duda, estas reflexiones constituirán también una auténtica epifanía en el proce-
loso mundo de la economía sostenible.

Un segundo ejemplo, el del marido de la ministra y vicepresidenta **Teresa Ribera**, **Mariano Bacigalupo**, que ha
aprovechado eso que denominan ahora 'puertas giratorias' para
pasar en un pispás de ser consejero de la Comisión Nacional de
los Mercados y la Competencia (CNMC) a ser consejero en la
Comisión Nacional del Mercado de Valores (CNMV). Y ustedes dirán que no es para tanto eso de cambiar *competencia* por
valores. Y yo les digo que sí, que hay pequeñas pero importantes
diferencias. Según datos oficiales, el señor **Bacigalupo** pasará
de ganar 123 850€ anuales a 141 910€, es decir, unos 18 000€

anuales más. Pero eso no es todo porque, además, en el primer puesto acabaría sus funciones si hubiese un hipotético cambio de gobierno en los próximos meses, y con este segundo tiene el puesto garantizado durante los próximos cuatro años. Aunque el marido de la vicepresidenta es doctor en Derecho con premio extraordinario por la UNED, en su currículum no acredita tener experiencia en mercados financieros.

Y como no hay dos sin tres, terminemos este breve muestrario meritocrático con el caso de **Dolores Delgado**, ministra de Justicia entre junio de 2018 y enero de 2020 y, sin solución de continuidad —algo que nunca antes había sucedido en el ámbito judicial—, pasar a ser Fiscal General del Estado entre febrero de 2020 y julio de este año. Y como **Delgado** ha prestado durante este periodo servicios impagables a la causa sanchista, desde Moncloa se han movido los hilos pertinentes para que **Delgado** acabe ocupando una plaza como fiscal de sala en el Tribunal Supremo, la máxima categoría profesional que se puede alcanzar en el Ministerio Público. Y, si para ello es necesario obviar méritos y saltarse el escalafón se salta. **Delgado** es ya la titular de la fiscalía de la Sala Militar, a pesar de que ocupaba el penúltimo puesto del escalafón entre los candidatos presentados y de que no tiene formación específica.

Lo dicho: libertad, igualdad y fraternidad…, de partido, claro.

Un guion previsible

La *docuserie* que la Moncloa ha ideado como nueva forma propagandística de ensalzar aún más, si cabe, la eximia figura del presidente **Sánchez**, supongo que tiene el objetivo añadido —entre muchos otros, claro—, de contrarrestar el avance imparable de **Núñez Feijóo** en los sondeos preelectorales que semana tras semana se van plasmando en los distintos medios de comunicación nacionales. Que sepamos, la iniciativa no tiene precedente alguno en presidencias del gobierno de países homologables al nuestro y, por el momento, sólo hemos conocido dos minutos y medio de tráiler de la misma y, a juzgar por las chanzas y críticas iniciales recibidas a través de las redes sociales, no me extrañaría nada que esa cohorte de asesores —se cuentan por cientos—, pueda llegar a plantear otra cosa al señor presidente.

Entre tanto, déjenos aventurarnos en escudriñar algún antecedente en el que puedan haberse basado tantas y tan ilustres mentes preclaras como adornan desde hace unos años el entorno de la presidencia del gobierno español.

Cuando **Núñez Feijóo** conoció hace unos meses la aparición de la serie calificó el asunto como 'frívolo', sobre todo cuando tenemos una guerra a las puertas de Europa y con la grave situación que atraviesa la economía española. No sé si el líder popular acierta con el calificativo o, más bien, habría que hablar de hortera o de ridículo.

Así, a bote pronto, se me ocurren dos o tres personajes que bien podrían albergar el germen de la idea en la que se ha podido basar la docuserie. Por un lado, la figura de *Alonso Quijano*, el Quijote de **Miguel de Cervantes**, que fuera "luz y espejo de la caballería manchega, y el primero que en nuestra edad y en estos tan calamitosos tiempos se puso al trabajo y ejercicio de las andantes armas, y al de desfacer agravios, socorrer viudas y amparar doncellas…".

De no ser así, acaso esa legión de eficacísimos asesores que puebla la Moncloa haya pensado en la figura de **Sánchez** como aquel personaje de la mitología griega, *Narciso*, el hermoso joven hijo del rio Cefiso y de la ninfa Liríope, que enamoraba a cuantas jóvenes le miraban, hasta que la diosa Némesis hizo que *Narciso* se apasionara de su propia imagen reflejada en el agua de una fuente hasta quedarse tan absorto y enamorado de sí mismo que acabó arrojándose a las aguas en pos de su propia imagen.

Y, como no hay dos sin tres, por qué no haberse basado en un tercer héroe legendario, este de la Inglaterra medieval, *Robin Hood*, en el que tanto se han inspirado escritores posteriores y que en el siglo XX ha llegado a convertirse en el héroe romántico por excelencia tanto en literatura de aventuras, como en películas o series de televisión. Y digo que no quiero pensar en él porque a *Robin Hood* se le retrataba como un *fuera de la ley* que vivía y cazaba ilegalmente en los bosques reales de Sherwood, en Nottinghamshire.

Y, además, porque a *Hood* se le atribuían asesinatos de representantes del gobierno y de la Iglesia con tal de seguir defendiendo al pueblo oprimido y carente de los más elementales bienes básicos para su subsistencia. Claro que, como a **Sánchez** se le da tan bien eso de hacer de oposición a la oposición para luego acabar siguiendo las recetas que abominaba en principio, tampoco sería tan alocado compararlo también con el héroe de la pérfida Albión.

De lo que estoy absolutamente seguro es de que, dado que a **Sánchez** le encanta moverse entre la realidad virtual que él mismo se fabrica, y que desdeña lo de mancharse con el polvo del camino —eso se lo deja al juez **Conde Pumpido**, que se lo curra la mar de bien—, lo mismo queda insatisfecho con estos cuatro o cinco capítulos iniciales de la serie y ordena que se disponga todo para que haya segundas, terceras y cuartas temporadas. Al fin y al cabo, el plató de Moncloa ya está ahí, pagado por todos los españoles, y el equipo de rodaje ya irá teniendo experiencia suficiente para seguir satisfaciendo el insaciable ego presidencial.

Al tiempo, dudo mucho de que en la serie haya capítulo alguno que, por ejemplo, dé cabida al levantamiento fiscal de los barones autonómicos, que ya tiemblan ante lo que pudiera echárseles encima en las próximas elecciones municipales y autonómicas de mayo de 2023. O de las pesadillas que el señor presidente tuvo que tener con un **Pablo Iglesias** al lado, y en plena pandemia, tan odiado como necesario para poder mantenerse en Moncloa.

Claro que muy pronto me dirán los asesores monclovitas que esa no es su serie y que si quiero que aparezcan estos temas, que mejor produzca yo la mía propia. No les faltaría razón porque allí lo verdaderamente importante es seguir la máxima de que todo vale con tal de conseguir que el presidente prorrogue su mandato *sine die*.

España y los españoles nunca podrán agradecérselo suficientemente, aunque, eso sí, en el guion gubernamental de la docuserie no van a haber sorpresas, seguro, así es que el aburrimiento —léase la desatención popular—, está más que asegurado.

PGE 2023. Una herencia envenenada

(11/10/2022)

La ley de leyes de cada gobierno es la de los Presupuestos Generales del Estado (PGE). Los análisis minuciosos de sus cifras desvelan con mayor nitidez que las declaraciones de los miembros del gobierno, empeñados siempre en adulterar el fin último de las políticas gubernamentales, sus objetivos y sus prioridades. Las del gobierno de **Pedro Sánchez** para el año próximo —año electoral, no se olvide—, están claramente orientados para empujar al partido del gobierno a no salir de la Moncloa. No puede entenderse de otra forma el hecho de que, en plena crisis económica, ya al borde de la recesión, y en medio de una guerra en plena Europa, el ejecutivo español se embarque en un incremento de gastos a mi juicio desproporcionado y totalmente alejado de la disciplina fiscal y presupuestaria de la UE, de acuerdo con los criterios de Maastricht.

Pero pasemos del enunciado general sobre los PGE a detenernos sólo en algunas cifras que son suficientemente ilustrativas y elocuentes al respecto. Para empezar, si es la propia ministra de Hacienda, **María Jesús Montero**, quién comienza por hacerse trampas al solitario, es decir, autoengañándose a sí misma para intentar que la oposición y el resto de españoles acaben cayendo también en la trampa, comenzamos mal. Lo digo porque la señora ministra plantea un crecimiento del PIB (Producto Interior Bruto), del 2,1%, inmediatamente desmentido por el mismo Banco de España (BDE), que calcula que esa cifra no pasará del 1,4% —en sus informes económicos de los últimos trimestres, los datos del BDE han sido siempre más realistas que los previstos por el gobierno **Sánchez**—, y que algunos otros gabinetes de estudios, como el del BBVA reducen hasta el 1%.

En total, el gasto consolidado para 2023 se situará en la nada desdeñable cifra de 450 722 millones de euros. Teniendo en cuenta que los presupuestos que heredó **Sánchez** del gobierno **Rajoy** tras prosperar su moción de censura en junio de 2018 eran de 327 955 millones de euros, es decir, los presupuestos de este año son de 122 767 millones de euros más, lo que supone más de diez puntos de PIB.

Los ingresos crecerán en estos cinco años un 30% en relación al Presupuesto de 2018, mientras que los gastos subirán un 37,4%. La deuda pública, pues, volverá a elevarse haciendo así muchísimo más difícil la reducción del déficit público que, más pronto que tarde, la UE volverá a exigir a sus estados miembros y que, al final y como siempre, tendrán que pagar las siguientes generaciones de contribuyentes vía impuestos y exacciones.

La mitad del gasto previsto por el gobierno para 2023 recaerá en pensiones, paro y deuda. Y lo peor no es eso, sino que parte de esa deuda se convertirá en permanente (estructural, como dicen los economistas), ya que, al revalorizarse las pensiones en función del IPC, que este año será de un 8,5%, inevitablemente ese déficit se convertirá en permanente.

La única institución que verá congelado su presupuesto es la Casa del Rey, y por tercer año consecutivo. Por el contrario, el gobierno ha decidido que la subida salarial a los funcionarios sea de un 3,5%, mientras que el ejecutivo se sube a sí mismo un poco más, el 4%. Y, si de subidas presupuestarias ministeriales se trata, estas son las más llamativas: el presupuesto de Igualdad (**Irene Montero**) pasará de los 516 millones de que dispone este año, a 564,48 millones para 2023, un 9,3 % más. El de Derechos Sociales (**Ione Belarra**), alcanzará el próximo año los 5 399 millones de euros, un 17,2% más. El de Inclusión, Seguridad Social y Migraciones (**José Luis Escrivá**), subirá un 5% (de 15 322 a 16 089 millones), transferencias a la Seguridad Social aparte. Y el Ministerio de la Presidencia (**Félix Bolaños**), dispondrá de una partida extra de 81 millones de euros sólo para sufragar los actos de la Presidencia de turno de la UE en el segundo semestre de 2023. Y eso sin rubor alguno por la *casual* coincidencia con la campaña electoral.

Todas esas alegrías del sector público (nos olvidábamos de señalar que la partida de pensiones crece un 11,4% hasta superar los 190 600 millones), obviamente las pagará el sector privado, que ya está alertando de que posiblemente se traducirá en aumento del desempleo y en pérdida de bienestar. Pero todo este planteamiento es secundario para **Sánchez**, empeñado en revalidar su estancia en la Moncloa a costa de los sufridos contribuyentes. Y, en el peor de los casos para él, la herencia que dejaría a su sucesor será de tal calibre que raro sería que no cayese en el empeño de intentar reducirla.

La familia y una más

(15/10/2022)

Cuando aún resuenan en nuestros castos oídos aquella declaración de la entonces ministra de Educación del gobierno **Sánchez**, **Isabel Celáa** —hoy nuestra insigne y esforzada embajadora ante la Santa Sede—, declarar aproximadamente aquello de que nuestros hijos no son nuestros hijos sino del papá Estado, ahora la número dos de la ministra **Irene Montero**, la secretaria de Estado de Igualdad, **Ángela Rodríguez Pam**, niega la familia natural al tiempo que la extiende a los compañeros de piso.

Rodríguez ha declarado públicamente que el gobierno está preparando una ley para 2023 en la que se contemplará que el concepto legal de familia incluya, además de las parejas homosexuales o monoparentales que ya se consideran como tales, a los compañeros de piso: «A veces se convive entre varios compañeros de piso y eso también debe ser reconocido como núcleo familiar».

El índice de ocurrencias surgidas desde la sede del ministerio de Igualdad supera con mucho la media del resto de sedes ministeriales, incluida la del compañero **Garzón**, Consumo, que ahí le va rozando la estela. Lo malo no es eso, sino que, al final, y por inaudito que parezcan, todas esas avanzadillas, globos sonda, dimes y diretes, acaban de verdad en forma de leyes.

Si los sondeos preelectorales van en serio y **Núñez Feijóo** sucede a **Sánchez** como nuevo inquilino de la Moncloa, me parece que ya tiene trabajo en ir derogando buena parte de estas iniciativas surrealistas y absolutamente innecesarias.

No me imagino como parte de mi familia a aquella gestora de la pensión en Huertas, en pleno Barrio de las Letras, en la que recalé a mediados de los 70 del pasado siglo, cuando formé parte por vez primera de esa legión de provincianos que llegamos a Madrid para convertirnos en madrileños al día siguiente.

La mujer era como una mosca cojonera —con perdón—, que andaba persiguiéndome por los pasillos para apagar las luces que, al parecer, me iba dejando encendidas siempre.

Siguiendo esta docta doctrina emanada desde Igualdad, me veo obligado también a renegar públicamente como familiar de un caradura con el que compartí piso un tiempo, en la zona de Argüelles, que fingía ataques epilépticos para sacarnos los cuartos a base de explotar esto que ahora se llama empatía, una actitud que no merecen los aprovechados como aquel rubito de ojos azules que, además, utilizaba a sus frecuentes conquistas del otro sexo con idénticos fines que los que aplicaba a sus compañeros de piso. *Familiares* como este son sencillamente despreciables e ilegales.

Supongo que a **Ángela Rodríguez** no se le habrá ocurrido pensar las implicaciones jurídicas de todo orden que suscitaría un cambio social tan profundo como ese. Claro, en realidad, lo único que le importa a ella y al resto del ministerio de Igualdad es destrozar la unidad familiar y con leyes como la anunciada se habrá conseguido. Luego, los asuntos fiscales, hereditarios, de registro civil, y unos cuantos etcéteras más, se la trae al pairo. Vamos, que uno, que va ya para cinco décadas con su parienta, tendría que haberse cuidado de tener al día los cuatro o cinco libros de familia previos, los de esas otras familias de piso. Y algunos jóvenes de hoy en día, seguro que ya van por la familia número 30....

Con estos bueyes —o con estas vacas—, son con los que hay que arar el futuro de esta sociedad. Iba a decir española, pero estoy seguro de que muy pronto los intelectuales que por centenares asesoran al gobierno, saldrán en tromba para desmentirme y, de paso, asegurar que esto de la familia tradicional no es España, que la Constitución del 78 es agua pasada y que no hable mucho de monarquía constitucional porque esa institución huele a naftalina que se las pela.

En fin, que, si llega esa ley a hacerse realidad, que Dios nos pille confesados y, eso sí, fuera de nuestra familia de piso o de pensión. De no ser así, vaticino ya un incremento bestial de los índices de suicidios y de consumo de ansiolíticos como nunca antes habrá conocido sociedad moderna alguna.

Esto es lo que traen consigo estos viajecitos turísticos a Nueva York en Falcon. Les recuerdo que la secretaria de Estado y colega de **Irene Montero**, y su compañera de viaje en el polémico periplo a EEUU iban acompañadas por la condenada **Isa Serra** y allí, entre chupito y chupito, las ideas surgen como las setas en otoño. También las venenosas.

'Ho tornarem a fer'

(26/10/2022)

En los últimos años no ganamos para sorpresas en este país. Un escándalo sucede a otro escándalo que, a su vez, sucede a otro escándalo, y a otro, y a otro… Al final, es tal la acumulación de desmanes, sinsentidos, ocurrencias o patadas al constitucionalismo que el ciudadano español parece haberse quedado definitivamente perplejo y boquiabierto por cuanto se le viene encima. Si la recesión —ya estamos prácticamente en ella—, el coste de la vida, la espada de Damocles de la amenaza de bomba de **Putin** sobre algún lugar de Europa fuera poco, el gobierno **Sánchez**, que tiene una capacidad infinita de negociación con tal de mantenerse al frente del tren del estado, resulta que ahora pone sobre la mesa 'Presupuestos por presos' y 'Presupuestos por sedición' como le exigen Bildu y ERC, respectivamente, sus socios desde fuera del consejo de ministros.

Como *Jack, el Destripador*, vamos por partes. Hoy nos ocuparemos del independentismo, en la seguridad absoluta de que antes de Navidad tenemos a todos —o casi todos—, los presos vascos condenados por terrorismo gozando por lo menos del tercer grado y yendo a casita a tomar el cava, el chacolí y el turrón. Al fin y al cabo, piensan en Moncloa, se trata de aguantar el tipo un par de días porque pronto levantaremos otro tema que rápidamente ocultará a este y la población lo olvidará más pronto que tarde.

Con Cataluña y lo catalán sucede otro tanto. El 25% de castellano en las aulas ahora parece que está ya casi interesadamente olvidado por el gobierno central y el catalán en contra de la clara sentencia al respecto dictada por el Tribunal Superior de Justicia de Cataluña (TSJC). La suerte no parece acompañar, sin embargo, al dúo político porque ahora se va a ocupar de ello el Parlamento Europeo a través de una delegación que va a visitar Cataluña para investigar el asunto sobre el terreno. Pero los *independes* se dicen que los vamos a tratar muy bien, les vamos a dar *pa amb tomaquet*, alubias blancas con butifarra, caracoles a la *llauna* y *calçots* y ya verás que pronto los hacemos también independentistas.

Y mientras la delegación europea zascandilee por acá y por allá, **Aragonés** y **Sánchez** ya han visto la fórmula más adecuada para intentar volver a hacer una nueva consulta en Cataluña. Esta vez, eso sí, habiendo considerado que no puede haber interferencias por parte del Tribunal Constitucional (TC), y de ahí las prisas de **Sánchez** para que el Consejo General del Poder Judicial (CGPJ), se constituya cuanto antes y, de paso, se asegure una mayoría de izquierdas en el más alto tribunal de la nación.

Parece que inmediatamente después los tiros irían por la celebración de un referéndum pactado con el Gobierno central, inspirado en la Ley de Claridad (Clarity Act) que aprobó Canadá para Quebec en 2020.

La aparente *paz* en Cataluña que vende a los medios la factoría de Moncloa no indica, por lo visto, hasta dónde van a llegar las concesiones de **Sánchez** a **Aragonés**. Y si por medio hay que tirar a la cuneta a la justicia y a los tribunales que la imparten, pues se les tira. No es otra cosa el hecho de reajustar a la carta el Código Penal para redefinir a conveniencia conceptos como los de *sedición* o de *rebelión* para reducir las penas al mínimo posible y así matar dos pájaros de un tiro: impedir que ningún otro dirigente independentista tenga que pasar por la cárcel y, de paso, desacreditar a los tribunales españoles haciendo creer a la opinión pública que no se mueven por la estricta aplicación de la ley sino por una especie de inconfesable voluntad de venganza institucional. Así quedaría demostrado palpablemente que el estado español —al menos hasta que cayó **Rajoy**—, era un estado represivo.

Vamos, y dicho en cristiano, que 'ho tornarem a fer', porque nos va a salir gratis. A los independentistas catalanes, desde luego. Al gobierno **Sánchez** quizás no tanto, y menos aún a los barones socialistas que tendrán que medirse en las elecciones autonómicas y municipales de mediados del año que viene, con el lastre de tener que justificar ante sus electores una decisión que saben muy bien que no es nada bien recibida incluso entre muchos votantes del PSOE. A mayor sonrisa del independentismo catalán, mayor incomodidad y tensión entre los barones socialistas, con la consiguiente necesidad de marcar territorio ante las decisiones de Moncloa que cada vez alejan más a sus líderes autonómicos para revalidar una posición hegemónica que las encuestas ponen cada día más en duda.

Lapsus

La obsesión es mala compañera de viaje. El andar ocupado, despierto y soñando, con conseguir un objetivo a toda costa, cuanto antes y caiga quien caiga, suele terminar mal. Es como ese conductor que va por una autovía y ve que todo el mundo viene en dirección contraria y acaba concluyendo que son los demás quienes han tenido que equivocarse.

Pedro Sánchez está obsesionado con la monarquía. Debe de ser una infección viral que ha contagiado a todo el gobierno desde que, a finales de 2019, decidió compartir con Unidas Podemos lecho y casa, el palacio de la Moncloa, para intentar reconducir la Transición española, ya tan demodé, tan viejuna y tan inservible que había que acabar con ella y cuanto antes. Y entonces, el objetivo último estaba muy claro: si la monarquía constitucional era la forma de estado que había propiciado esos 40 años de democracia y de bienestar, pronto van a ver los españoles que la república —no hay dos sin tres—, es mucho más moderna, más guay y la riqueza, las subvenciones y los impuestos a los bancos, las energéticas y los ricos en general, van a financiar los altos propósitos del gobierno de la gente, aunque luego resulte que la gente ni pueda ni quiera ver a ese mismo gobierno y menos aún a su presidente.

Y luego, claro, andar tan obsesionado con cruzar la meta sin fijarse siquiera en quién tiene uno al lado, provoca situaciones esperpénticas, ridículas o, por lo menos, inconvenientes. Y después, lo que quiere disfrazarse de lapsus no puede esconder que lo que realmente hay detrás es toda una estrategia que hay que poner en marcha, venga o no a cuento.

Vayamos, no obstante, de las musas al teatro, de la teoría a la práctica, para intentar explicar lo que parecen meras anécdotas pero que, según nuestro parecer, no lo son tanto y esconden un fastidio indisimulado, el de tener que seguir haciendo cosas que, en el fondo, no hacen más que distraer al personal del objetivo final perseguido.

Son cuestiones recientes, de modo que todo el mundo está al tanto de ellas, aunque lo mismo no ha conseguido conectarlas. No importa. Para eso estamos nosotros. Veamos, para empezar, ese extraño 'lapsus protocolario' que se produjo el pasado 12 de octubre, Día de la Hispanidad, en el tradicional desfile militar que suele hacerse en el Paseo de la Castellana de Madrid. Ese día, **Sánchez** hizo esperar al jefe del estado con el único fin de evitar los seguros abucheos que despertaría su mera presencia en el acto. No fue así y, finalmente, hubo de soportarlos junto a **Felipe VI** quién, entre tanto, no tuvo más remedio que aguardar su llegada metido en su coche oficial, poniendo cara de circunstancias, templando el ánimo ante el enésimo desplante del habitante de Moncloa y tratando de no volver a recordar que en la recepción del Palacio Real que suele suceder al desfile, uno o dos años antes, **Sánchez** quiso equiparar su figura como presidente del gobierno y se puso en la línea de saludo junto a los monarcas, una cuestión claramente marcada en el protocolo del acto, que sólo corresponde a la Corona.

Luego, claro, se intentan disculpar públicamente los hechos, quitarles importancia, cuando la realidad es que sí la tiene. De otra forma, pero ha vuelto a suceder hace sólo unos días. El **Rey** iba a inaugurar en Ávila el primer curso académico del Centro Universitario de Formación de la Policía Nacional. La cita era a las 11:30 h. Mientras tanto, muy cerca de allí, en Valladolid, el presidente del Gobierno, **Pedro Sánchez**, había organizado casi a la misma hora, a las 11:00 h., una visita al centro de I+D+I que Renault Group tiene en la capital castellano-leonesa. Las agendas de las altas instituciones del estado están siempre coordinadas para que los actos de Moncloa y Zarzuela no se solapen entre sí, de modo que esta nueva coincidencia —léase desmán, afrenta o provocación—, mucho me temo que tampoco era para nada casual.

No sorprende tampoco que esa idea fija en la presidencia del gobierno, multiplique los lapsus y hasta lleguen a cruzar las fronteras. En la programada visita de estos días al continente africano —por cierto, acompañado por un numerosísimo séquito, 68 personas, incluida la esposa de **Sánchez** y esta con agenda propia—, el presidente del gobierno español ha patinado dos veces y con una misma y elemental cuestión, que va más allá del protocolo. En dos ocasiones ha confundido Kenia con Senegal: la primera para referirse al país y la segunda a su presidente. Y no creo que el presidente de Kenia, **William Ruto**, se tomase el lapsus como un despiste sino, más bien, como un cierto tedio o desinterés por parte de su invitado, nuestro presidente, capaz de confundirse dos veces en una misma visita.

Al final, lo que verdaderamente parece es que desde presidencia del gobierno no se toman las cosas con la seriedad que merece y que, en ciertos ámbitos —nacionales o internacionales—, los servicios de protocolo correspondientes anden manejando planes B por si el elefante entra en escena como si de una cacharrería se tratase. Y eso pasa por no estar con la cabeza donde se debe sino en maquinar incesantemente nuevas estrategias para modernizar cuanto antes la forma de estado y que la cabeza cambie más pronto que tarde. Al fin y al cabo, queda poco más de un año de legislatura y, o apretamos la marcha, o vamos a quedarnos a medias en el empeño del gran cambio.

Más de *lapsus* y de cultura general

(31/10/2022)

Propongo que, desde ya, este país llamado España pase de una vez a denominarse Carpetovetonia. Lo chusco, el esperpento, la falacia, el chiste fácil, la incultura y las groserías intelectuales han pasado ya a ser señal de identidad patria y eso no casa para nada con el pasado cultural español, lleno de grandes nombres en la literatura, la música, el teatro, el pensamiento, la pintura o la escultura, pongamos por caso. Al desliz —seamos ingenuos por una vez—, del presidente **Sánchez** en Kenia confundiendo al país y a su presidente con Senegal, un día después le envidó la jugada **Núñez Feijóo** confundiendo título y fecha de publicación de *1984* de **George Orwell**.

Pero el presidente español, que juega siempre al "¡y yo más!", patinó de nuevo unas horas después en Sevilla durante la celebración de las cuatro décadas de la llegada del PSOE al poder citando unos versos llenos de fuerza ('De todas las historias de la historia, la más triste, sin duda, es la de España, porque termina mal'), que siempre queda bien, pero atribuyéndolos a **Blas de Otero** en lugar de a **Jaime Gil de Biedma**, autor de los versos del poema *Apología y Petición*, del libro *Moralidades*. Va a haber que ir pensando en incrementar los 700 asesores de Moncloa porque fallos de este tipo no pueden volver a producirse más…

Pero, no nos engañemos, llueve sobre mojado. Los dos líderes, el del partido de gobierno y el de la oposición, no son los primeros y tampoco han querido ser menos que el exvicepresidente, exdiputado y exprofesor, **Pablo Iglesias Turrión** que, en un debate con **Albert Rivera** en la Universidad Carlos III recomendó a un alumno que leyese *Ética de la razón pura*, de **Immanuel Kant**, filósofo que nunca escribió ese libro sino la *Crítica de la razón pura*, mientras que sí trató de ética en la *Crítica de la razón práctica*.

Visto lo visto, nuestros políticos se han buscado modelos tan brillantes e imitables como el de **Sofía Mazagatos**, que en su momento aseguró que **Mario Vargas Llosa** era uno de sus autores favoritos: "Le sigo desde hace tiempo, pero aún no he leído nada suyo", confesó la cándida lectora.

No le vendría nada mal a **Pedro Sánchez** repasar un poco la geografía que dio en Secundaria; a **Feijóo** leer de verdad *1984* para conocer con sorprendente precisión matemática los probables pasos siguientes que va a dar el presidente del gobierno; y a **Iglesias** que vaya un poco menos de sobrado y a reconocer con humildad franciscana que no tiene ni repajolera idea de **Kant** porque en su vida ha abierto un libro suyo. Y a los electores españoles a pensarse muy bien, de aquí en adelante, a quienes votan para gestionar sus propios intereses. Recuerdo al respecto que, en cierta y reciente legislatura —no hace tanto tiempo—, el filósofo vasco **Fernando Savater**, que concurría por la demarcación de Madrid al Senado no obtuvo el escaño porque los electores madrileños, probablemente, no lo conocían, o porque estos prefirieron votar al vecino del barrio, aunque no sepa hacer la 'o' con un canuto.

Uno creía que, a nuestros representantes políticos, sacándoles del argumentario elaborado *ad hoc* en el seno de sus gabinetes respectivos, no daban ni una. Ahora comprobamos, no sin desazón y hasta rubor, que no aciertan ni con los argumentarios delante. Aviso a navegantes —atentos en Moncloa, Ferraz y Génova—, de que hay estupendos diccionarios de citas si uno quiere dar el pego de ser un tipo leído, casi casi erudito. Pero, claro, lo malo es que hay que saber leer y, además, leerlo. Luego nos quejaremos de que la cosa pública nos vaya como nos va.

Legislar a la carta

Pedro Sánchez sigue teniendo un solo objetivo político, mantenerse en Moncloa como sea y al coste que sea hasta el final de la legislatura. Y si para ello, como le ha pedido Esquerra Republicana de Cataluña (ERC), a cambio de apoyar los Presupuestos del Estado para 2023, hay que rebajar las penas del delito de sedición a la mitad, se hace y aquí no pasa nada.

Una vez conocido el trueque acordado entre gobierno y ERC, el presidente se lanzó rápidamente al ruedo informativo tirando de argumentario para desvincular presupuestos y rebaja del delito de sedición y, al tiempo, tratar de justificar ese nuevo giro de Moncloa con el hecho de equiparar este delito con los estándares del resto de países europeos. Una vez más se recurre a la falacia para justificar una postura gubernamental en base a afirmaciones que no concuerdan con la realidad. Y, como ya se ha hecho costumbre, tampoco importa nada que al propio presidente se le hubiera escuchado decir antes de acceder a la presidencia del gobierno que lo que había sucedido en Cataluña era claramente tipificable como un delito de 'rebelión', que es aún más grave que el de sedición.

Basta con echar un rápido vistazo a la legislación de países de nuestro entorno en Europa para ver cómo el delito de sedición, o equivalente —no en todos los países se denomina a ese delito del mismo modo—, contemplan en sus legislaciones respectivas penas iguales o más elevadas que las incluidas en el código penal español para los enemigos del Estado condenados por alta traición. Es el caso de Francia, Alemania, Italia o Portugal.

Nuestro ordenamiento jurídico prevé penas de entre diez y quince años de prisión e inhabilitación absoluta para quienes hayan «inducido, sostenido o dirigido» la sedición, que es como lo tipificó el Supremo en su sentencia contra los líderes del *pro-*

cés. Alemania, por su parte, castiga por el delito de alta traición entre diez años de cárcel y la cadena perpetua. Portugal establece condenas de entre diez y veinte años de cárcel. Francia, aunque no contempla específicamente la sedición en su ordenamiento jurídico, establece la cadena perpetua para quienes inciten y lideren cualquier tipo de ataque contra los intereses fundamentales de la nación y, entre ellos, la integridad territorial del Estado. Y, por último, en Italia se contempla un mínimo de doce años de cárcel en los ataques violentos dirigidos contra la integridad, la independencia o la unidad del país.

No es, pues, la equiparación de delitos con el resto de Europa la razón que mueve al gobierno para modificar el código penal en favor de los golpistas de ERC. En otras palabras, que una vez más se recurre a la tergiversación para justificar una decisión que se sabe muy bien que no va a ser bien acogida por gran parte de la población española intentando confundirla para minimizar su coste electoral.

Pero es que el caso de Bildu es muy similar. Aquí la moneda de cambio no es la reforma del código penal en el terreno de la sedición, sino su retoque para sacar directamente a los presos de ETA que fueron condenados por delitos de terrorismo, una vez que ya han conseguido su acercamiento a las cárceles vascas tras el traspaso de las competencias estatales en materia de prisiones al Gobierno de **Íñigo Urkullu**.

Si esto no es el camino más recto para conseguir la demolición del estado de derecho, desde luego, se le parece mucho. Pactar con aquellos grupos políticos que buscan atacar la línea de flotación del estado es hacerse cómplice de ello. Sostener una cosa y la contraria a conveniencia de cada momento no parece ser tampoco ejemplo para una ciudadanía que busca seguridad jurídica, es decir, unas reglas claras de juego acordadas y aceptadas por una amplia mayoría de partidos y que no cambien en función de la dirección de los vientos políticos de conveniencia que soplen en cada momento.

Verbos machistas

El marchamo feminista e igualitario del gobierno, sostenido sobre las discutibles y asimétricas políticas promovidas por **Irene Montero** desde el ministerio de Igualdad han dado estos días sus primeros resultados adversos: ya son cinco los abusadores liberados y 11 con rebajas de penas entre los condenados por delitos sexuales tras la entrada en vigor de la Ley del 'Sólo sí es sí'. Son las primeras de lo que, probablemente y de aquí en adelante, constituirá un rosario de revisiones de penas a todos los condenados.

Y, desde luego, no será por la falta de advertencia al Ministerio de Igualdad por parte de los órganos correspondientes, que las feministas ministeriales decidieron no tomar en consideración. Por el contrario, **Irene Montero** defendió desde el primer momento que no se iban a poder rebajar condenas con esta ley de Libertades Sexuales.

A renglón seguido, como es siempre la norma de Igualdad, y ante la reducción más escandalosa, la dictada por la Audiencia Provincial correspondiente al rebajar cinco años la pena de cárcel a un hombre por abuso de varios menores, lo cual implica que saldrá de prisión, en el ministerio aseguran que "no es problema de la norma", sino de la "interpretación voluntarista judicial contra el avance del feminismo" que está haciendo la Justicia. Y eso lo asegura la delegada del Gobierno contra la Violencia de Género, **Victoria Rosell**.

Afirmaciones como esa vuelven a abrir una nueva grieta en la coalición de gobierno porque, al menos dos ministras, se han pronunciado públicamente contra esta postura. Por un lado, **María Jesús Montero**, que ha afirmado que "habrá que estudiar «con detenimiento» tanto la norma como las últimas sentencias que han permitido que agresores sexuales hayan visto reducidas sus penas al amparo de esta ley". Por otro, **Margarita Robles**, ministra de Defensa y también magistrada, que ha salido en defensa de sus compañeros jueces al tiempo que rechaza las descalificaciones que se están vertiendo contra ellos por las rebajas de condenas ("A mí nunca me van a encontrar descalificando a los jueces").

El Consejo General del Poder Judicial (CGPJ), por su parte y una vez más, ha vuelto a sacar una nota expresando su repulsa ante "los intolerables ataques de Podemos a la carrera judicial" y, además, recuerda también que, en febrero del año pasado, ya advirtió al gobierno que la nueva regulación de los delitos sexuales conllevaría la rebaja de condenas.

Es lo malo que tiene legislar a golpe de eslóganes y no con leyes meditadas sosegadamente y revisadas técnicamente por quienes más saben de su aplicación. Luego, claro, las gestoras de la ley se atrincheran para no dar su brazo a torcer e insultan a quienes no hacen más que aplicar la letra y el espíritu contenidos en las normas aprobadas por el Legislativo. Y de admitir un error político desoyendo las voces autorizadas sobre las consecuencias que podría acarrear esa nueva Ley, lo lógico sería dimitir inmediatamente. Pero de eso ni hablar. El de dimitir es, probablemente, un verbo machista y, por tanto, no se conjuga en el ministerio de Igualdad.

Ruptura

Desde que **Sánchez** abrazó a Podemos muchos pensamos que la hoja de ruta de **Pedro Sánchez** no iba a diferir mucho de la que **Chávez** llevó a Venezuela a gobernar en favor de unos y en contra de otros. **Maduro** ha seguido y confirmado esa política que ha desembocado en que millones de venezolanos se hayan visto obligados a huir de su tierra para evitar males mayores. Muchos de ellos están hoy con nosotros y nos dicen lo mismo, que aquí no se gobierna pensando en todos los ciudadanos, sino en una parte.

Lo demuestran, al menos, tres cuestiones de estricta actualidad. La primera es la rebaja de los delitos de sedición, que no está motivada por la preocupación o la petición de una inmensa mayoría de la opinión pública española sino, únicamente, por los representantes políticos de ERC, un partido cuyos máximos líderes han sido condenados por el Tribunal Supremo tras su intentona golpista del 1 de octubre de 2017. Claro que se da la nada irrelevante circunstancia de que es de ellos de quien depende la permanencia de **Pedro Sánchez** en la presidencia del gobierno, como bien se encarga de recordar **Gabriel Rufián** en el Congreso —con delectación evidente y tratando de esconder una sonrisa malévola—, cada dos por tres al presidente y al partido que teóricamente lo sostiene en el gobierno, el PSOE. Vamos, que está más que cantado que tendremos que tragar también con esas modificaciones 'quirúrgicas' y a la carta para que **Sánchez** continúe hasta el final de la legislatura en Moncloa.

La segunda cuestión, afortunadamente todavía en estado de sugerencia, no de imposición, la apuntaba la portavoz del gobierno tras uno de los consejos de ministros reciente. Me refiero a la obligación que, a su juicio, habría de haber en todos los medios de comunicación españoles para incluir en sus minutos de emisión o en sus páginas electrónicas o de papel, de un apartado específico que recogiese el punto de vista gubernamental sobre los asuntos que este considerase. Se pondría así en el precipicio, si no de la legalidad, al menos en el de figurar en el punto de mira del gobierno a todo aquel medio que pusiese en evidencia que una cosa es predicar y otra dar trigo. En otras palabras, que una cosa es lo que el gobierno dice —generalmente a base de eslóganes y de superproyectos propagandísticos y rimbombantes que al final quedan en nada—, y que, acumulados día tras día, hacen que el ciudadano acabe por olvidar todos ellos. De seguir por ese camino, pues, volvería a resucitarse en el panorama de la comunicación española el NODO y el 'Parte', que es como se llamaba, respectivamente, a ese reportaje noticioso que se obligaba a ver a los espectadores de cine antes de comenzar cada película, y los diarios hablados de Radio Nacional de España en tiempos de **Franco**.

La tercera —no por haber adquirido ya solera ha dejado de practicarse, sino todo lo contrario—, es la mentira permanente y sistemática como forma de gobierno, que, al parecer, la gente acepta sin pedir responsabilidad alguna a quién la genera, la difunde y la sostiene. Comenzamos con la *mentirijilla* de la autoría de la tesis doctoral de **Sánchez**, las falsas promesas lanzadas en plena campaña electoral ("no pactaré con Bildu, se lo repito una y mil veces, no pactaré con Bildu…"; "no podría dormir si tengo que gobernar con **Pablo Iglesias**…"; "no voy a permitir que la gobernabilidad de España descanse en partidos independentistas…"), y, más recientemente, tratar de justificar la rebaja del delito de sedición en aras de una supuesta equiparación con los ordenamientos jurídicos de otras naciones europeas, a sabiendas de que esa es una falsa premisa que lo único que busca es minimizar el impacto electoral de una decisión como es la amnistía encubierta a los dirigentes condenados de ERC.

De la modificación del delito de malversación en el Código Penal, ya ni hablemos. He llegado, incluso, a oír por teóricas voces autorizadas que ese delito depende de la finalidad con que se llevara a cabo y del destino final de las cantidades malversadas, desvinculándolas así del mero hurto de fondos de la hacienda pública, es decir, de todos nosotros. Así se empieza y, al final, no se sabe muy bien dónde se podría terminar… Por ejemplo, justificando la malversación de 'los nuestros' y culpando siempre la de los otros.

En conclusión, y en definitiva, que parece que aquí todo vale para poder enterrar a **Montesquieu** y poner en práctica esa ruptura constitucional de facto aunque no se produzca a través de los mecanismos previstos en la propia Constitución de 1978 —el bloque de izquierdas no es numéricamente suficiente para hacerlo—, sino soslayándola a través de mecanismos de dudosa constitucionalidad y de ataques permanentes a cuantas instituciones pretendan no doblegarse a las firmes e inequívocas pretensiones sanchistas de transformar la estructura política e institucional de España. La oposición en pleno, hasta el momento, no ha demostrado tener capacidad para impedirlo y **Pedro Sánchez** aún tiene un largo año por delante para seguir persiguiéndola.

¡La Constitución está en peligro!

(06/12/2022)

Cuarenta y cuatro años de historia la contemplan. El periodo más largo de democracia vivido jamás por nuestro país. Desde luego no está en la calle el clamor para su reforma o sustitución y, sin embargo, está claramente en peligro. Las próximas elecciones, esas que debiéramos tener en 2023, pueden convertirse en constituyentes si se reedita el pacto Frankenstein de **Sánchez** con los filoetarras de Bildu y los nacionalistas sediciosos catalanes. Derogado ya de facto el delito de sedición y atacado, poco a poco, el Código Penal por diversos flancos, al presidente del gobierno ya no le falta más que asaltar el Constitucional para tener sitiada a la Constitución del 78.

De ahí las prisas por colocar en él a dos de sus piezas clave. Por un lado, el nombramiento del exministro de Justicia socialista **Juan Carlos Campo** permitirá que él mismo pueda decidir sobre leyes que llevan su propia firma. Por otro, la designación de **Laura Díez**, catedrática de Derecho Constitucional y alto cargo político en el gobierno **Sánchez**, como la segunda candidata a formar parte del alto tribunal, es una doble garantía para evitar que sean tumbadas viejas o nuevas normas que apunten al acoso y derribo de la Constitución de 1978.

En este ambiente bochornoso y, por supuesto, con la ausencia en las celebraciones del 44º aniversario de la Constitución vigente en el Congreso de los Diputados de las formaciones de Bildu, ERC y algunos partidos nacionalistas más, cuanto suceda hoy en ese entorno no es sino un acto más de una gran hipocresía gubernamental para salvar los muebles de una actitud torticera e inmoral que no duda en hacer todos los movimientos necesarios para seguir retorciendo la Constitución hasta ver el momento en que pueda dársele el golpe final y definitivo.

Altos dirigentes de Bildu han confesado sin tapujos que los apoyos a los presupuestos del 23 han sido a cambio del acercamiento y la posterior excarcelación de presos de ETA que aún tienen penas pendientes. Tampoco ERC ha escondido que el precio de su apoyo ha sido la derogación del delito de sedición de nuestro Código Penal. A nadie le extrañe, pues, que en un horizonte más cercano que lejano, veamos surgir de la chistera legislativa del gobierno alguna nueva modalidad de referéndum para que País Vasco y Cataluña puedan decidir autónomamente si siguen o no dentro del estado español. Mientras se mantenga **Pedro Sánchez** al frente del gobierno, que ese referéndum sea o no vinculante, es secundario. Unos y otros no quedarán conformes hasta que el resultado que arroje esa consulta sea justamente la que buscan.

De ahí que, como ya he dicho desde el principio de esta columna de opinión, es fundamental, decisivo, determinante que las urnas de 2023 —o 24—, hablen con claridad meridiana y que sea todo el pueblo español con derecho a voto, no sólo una parte de él, quien se pronuncie sobre la continuidad o no del presidente actual y, por ende, de la Constitución de 1978. Después que nadie se queje…

Malversación a medida

En este país quienes gobiernan de verdad, y, sobre todo, no son los inquilinos de la Moncloa sino los muchachos de Esquerra Republicana de Cataluña (ERC) y los amigos de ETA —o filoetarras, que tanto monta—. Nunca antes con menos votos y menor representación parlamentaria habían acumulado tanto poder en España. Basta con que, a **Junqueras** y a **Rufián**, su portavoz en el Congreso de los Diputados, se les ocurra una idea para que el batallón de asesores monclovitas se deshaga instantáneamente en propuestas e ideas para que el señorito **Sánchez** decida cuál de ellas es la más apropiada para satisfacer los íntimos y lúbricos deseos del independentismo. Así las cosas, y parafraseando a **Sánchez**, ¿quién marca la agenda legislativa del gobierno? ¡eh! ¿quién la marca…?

El último episodio al respecto —sobrado anda de nuevo el presidente—, **Sánchez** se permitió anunciarlo en esos comentarios de corrillo con los periodistas mantenido en la fiesta conmemorativa del 44º aniversario de la Constitución del 78: habrá reforma del delito de malversación para evitar las condenas a los dirigentes del proceso independentista catalán.

El anuncio en sí es ya morrocotudo. Es como si a un condenado cualquiera (ladrón o asesino, pongamos por caso), se le sienta en el otro lado de la mesa para intentar retocar conjuntamente el Código Penal a su conveniencia y antojo para salir lo mejor parado posible. ¡Es inaudito!

Al parecer, ahora va a resultar que hay una malversación 'buena', y otra malversación 'mala'. Los procesados por malversación por el *procés* no buscaban el lucro, y, por tanto, su malversación era 'buena'. Otra cosa, claro está, son aquellos que malversan para desviar lo defraudado —o parte—, a sus bolsillos o a los de los amiguetes del partido, por ejemplo. En el entorno sanchista se quiere desligar este 'retoque' al Código Penal con el caso de **José Antonio Griñán**, pero hay que ser muy inocente para creerlo. ¡Pero, hombres de Dios!, unos y otros cometen el mismo delito, el de malversación, es decir, el hurto de guante blanco a los impuestos que pagamos todos los ciudadanos…

La táctica puesta en marcha hace ya años por Moncloa mezclando mentiras y anuncios propagandísticos e ideológicos han adormecido ya cualquier tipo de reacción de indignación en la opinión pública. No hay decisión, por escandalosa que sea, capaz de hacer despertar a la dormida opinión. Ya todo vale, que es tanto como decir que nada vale. Después, ya se sabe, como haya algún resquicio o grieta en la norma acordada y publicada en el BOE y a algún juez o magistrado se le ocurra dar la razón a los denunciantes, inevitablemente será tachado de retrógrado, conservador y fascista. No hay más que mirar lo sucedido con la Ley del 'Sólo sí es sí'. Se articula un bodrio de ley que permite poner en la calle a abusadores sexuales y violadores y la conclusión progresista no es que hay que reformar el desastre de ley (¡la izquierda nunca se equivoca…!), sino que los jueces son machistas y ultraconservadores. Y, con ayuda de los medios y tertulianos adictos, cualquier barbaridad repetida unos cientos de veces, acaban conformando una verdad. Por escandalosa, bárbara, antiética o inmoral que sea.

Lo que se está perpetrando con esta nueva estratagema legal a punto de ver la luz es sencilla y llanamente, legalizar cierto tipo de malversación. Aquella que afecte a independentistas catalanes, es decir, que podrán seguir haciendo uso libre y sin medida de los impuestos de todos los españoles para luchar precisamente contra España. ¿Hay quién dé más? No contentos con haber indultado a condenados por el delito de sedición, ahora se les premia aún más para que no se pongan nerviosos y puedan llegar a pensar en algún momento en moverle la silla al presidente **Sánchez**.

Lo más curioso, simple y casposo de todo el proceso es la contumacia que se exhibe desde el gobierno y aledaños para intentar justificar tantas y tan graves atrocidades legales: la homologación de la tipificación de los delitos y sus penas con el resto de países de Europa. Inmediatamente salen catedráticos de derecho internacional para comparar y desmentir tales bases, pero el aparato político y legislativo del sanchismo no se intimida por ello, ni mucho menos. En el mejor de los casos se vuelve a recurrir al mantra del 'fascista' y 'machista' y con ello se apaga todo riesgo de intento de oposición a la nueva iniciativa legal.

Como le demos mucho tiempo más al presidente **Sánchez**, va a hacer realidad aquella afirmación de uno de sus padres políticos de otro tiempo, aunque ahora tiemble sólo con escuchar su nombre, **Alfonso Guerra**. Me refiero a aquello de que "a España no la va a conocer ni la madre que la parió". O quizás sea aún mucho peor porque España, lo que se dice España, en breve lo mismo pasa a ser un fantasma del pasado. De hecho —se admiten apuestas—, el próximo paso de ERC va a ser la exigencia a **Sánchez** de un referéndum para Cataluña si quiere mantener el sillón de Moncloa. La única duda está en si eso sucederá antes de diciembre de 2023 o será otro *sine qua non* para la próxima legislatura.

La soledad del Rey

(18/12/2022)

Semana luminosa para unos, trágica para otros. **Pedro Sánchez** ha pisado el acelerador contra todo pronóstico —su máxima especialidad, sorprender, confundir y dejar helada a la concurrencia—, para, de un plumazo y sin despeinarse, eliminar del Código Penal el delito de sedición, el de malversación y, de paso y como quien no quiere la cosa, cambiar también las mayorías marcadas hasta ahora por la Constitución Española para nombrar a los magistrados del Tribunal Constitucional.

Eran las medidas clave para alterar de modo sustancial la arquitectura de nuestro estado de derecho. El haber recurrido para ello a un procedimiento de urgencia, como si no hubiera un mañana, y con nocturnidad y alevosía, y hasta evitando cualquier tipo de controversia fundada y fundamentada por parte de la oposición, es ya incluso secundario. En medio quedan recursos, alegaciones y acusaciones mutuas de golpismo. El mal ya está hecho y será difícil repararlo.

Parece que ahora se toman en serio aquellos avisos de quienes advertían hace tiempo que esto se parece cada vez más al proceso vivido en Venezuela con **Hugo Chávez** al transformar una democracia liberal en un régimen personalista o autócrata. Quienes tenemos amigos venezolanos y hemos sido advertidos con la misma contundencia que delicadeza de ello, más que echarnos a llorar por la pérdida a la que estamos asistiendo, estamos obligados a poner negro sobre blanco los siguientes pasos de Moncloa para ver si las fuerzas sociales y políticas constitucionalistas son capaces de evitarlos a tiempo.

Allí sobrevinieron después los cierres de medios de comunicación críticos con el nuevo régimen, el silencio de los periodistas que aún se atrevían a denunciar las contradicciones entre lo que se negaba o se proclamaba cínicamente y los hechos que, como un martillo, iban cayendo uno tras otro. Al final, ya se sabe, periodo constituyente, nuevo régimen y 30 años de oprobio, abusos y exilio para los millones de venezolanos que no comulgan con ruedas de molino chavistas. Gentes del pueblo, como usted o como cualquiera, con profesiones liberales, o asalariados, que jamás habrían pensado que la cosa iba a llegar a afectarles también a ellos.

Los más optimistas creen aún que queda una penúltima oportunidad con la posible intervención del Tribunal Constitucional decantándose, a petición de la oposición, sobre la inconstitucionalidad de ese cambio de leyes que afectan a la línea de flotación del estado de derecho. Lo veremos la semana que viene, por supuesto, con la segura inclusión votos particulares de miembros del Alto Tribunal. La unanimidad en lo legal es hoy también una quimera, en un momento de tanta polarización política y jurídica provocada por la modificación de varias leyes orgánicas, de una tacada y sin debate.

Mensaje a la nación

Y, entretanto, estamos ya a las puertas de Nochebuena y Navidad y, en consecuencia, **Felipe VI** no va a tener más remedio que pronunciarse sobre la situación creada desde Moncloa. Y con plena conciencia de que, posiblemente, y con la amnistía de los presos catalanes, el olvido de sus delitos de sedición y de malversación, los próximos pasos a seguir serán la amnistía plena, el referéndum y —¡cómo no! —, el cuestionamiento de la misma Corona. Será, sin duda, el discurso más crítico y comprometido, y clave para el futuro de la institución y de España. El más delicado y difícil de todo su reinado.

Difícil lo tienen también los asesores de Su Majestad para proponerle las líneas maestras de su discurso. Pero, al final, como siempre en todos estos decisivos momentos históricos, es la persona del Rey quien tiene que definir con inteligencia y delicadeza qué es lo mejor para todos y expresarlo con firmeza y claridad sin renunciar nunca al papel moderador que otorga la Constitución vigente a la figura del Rey. ¡Suerte, Majestad! La va a necesitar.

Disidencia se escribe con J

(20/12/2022)

Disentir no es cómodo. Vaya el axioma por delante. Quien lo hace suele saber a lo que se expone y, aun así, una voz interior, acaso la conciencia, le impele a seguir adelante. Caiga quien caiga que, en general, suele ser el disidente. Al menos en primer término. Después, es sabido, quien ríe último, ríe mejor. No sé si es —o será—, el caso de los últimos personajes a quienes se les puede aplicar el adjetivo sin lugar a dudas. Son dos **Joaquines**, ambos intelectuales, de personalidades bien distintas, pero de coherencia a prueba de bomba.

El primero, el cántabro **Joaquín Leguina**, fue presidente de la Comunidad de Madrid durante varias legislaturas —dos mayorías absolutas—. Acaba de ser expulsado del PSOE, un partido en el que viene militando desde hace 45 años. Oficialmente, al parecer, a su secretario general, **Pedro Sánchez**, no le gustó nada aquella foto en la que el propio **Joaquín** y su compañero **Nicolás Redondo Terreros** escoltaban al enemigo número uno del inquilino de la Moncloa en mayo de 2021, **Isabel Díaz Ayuso**. La presidenta de Madrid visitaba la Fundación Alma Tecnológica presidida por **Redondo Terreros** y de la que **Leguina** también forma parte porque es miembro de su patronato.

La razón oficial esgrimida por el partido del gobierno es un teórico e inexistente apoyo del expresidente **Leguina** a **Díaz Ayuso**. Las reales son las permanentes críticas que don **Joaquín** vierte semanalmente en la tertulia política de *Herrera en COPE*, en donde no se muerde la lengua y ataca libre y frontalmente las políticas revanchistas, las mentiras y las alianzas con partidos anticonstitucionales que apuntalan a **Sánchez** en la Moncloa.

Después —supongo que algo tendrá también que ver—, esa mirada llena de envidia del pseudodoctor en Economía que nos preside —copió la tesis de varios cargos del Ministerio de

Industria, y con la ayuda de **Irene Lozano**—, cuando examina el currículum de **Leguina**, verdadero doctor en Económicas por la Universidad Complutense y en Demografía por la Universidad de la Sorbona de París. Y, además, y por si ello fuera poco, es autor de novelas y ensayos de éxito y es un alto funcionario, *e*stadístico del Estado que, cuando abandonó la política, no tuvo ningún reparo en volver a su puesto de trabajo.

Más que convencido de haber sido purgado por sus opiniones críticas con el actual secretario general del PSOE, **Leguina** es un luchador nato y no se va a conformar con esa resolución de expulsión y, si no hay otro remedio, posiblemente lleve su caso ante los tribunales para volver a formar parte de la militancia socialista de un partido, el suyo, que tendrá que volver al sendero de la socialdemocracia si quiere seguir significando algo en este país. Y, entretanto, **Leguina** está convencido de que «Los que vamos a por **Sánchez** hacemos un favor a este país».

El otro **Joaquín, Sabina**, no ha dejado de ser la musa de la izquierda progresista y hasta de la derecha avanzada de este país desde sus inicios en La Mandrágora, hace la friolera de medio siglo. 73 años, jienense de nacimiento y madrileño de adopción, desde su ático en la Plaza Tirso de Molina, contempla los vaivenes políticos, no sólo de la península ibérica, sino también de las repúblicas latinoamericanas, precisamente conquistadas en los últimos años por la izquierda populista. Con una bien ganada fama de desvergonzado, algo canalla, mujeriego y bebedor, sus coqueteos con la cocaína le han dado más de un disgusto serio y, quizás desde entonces, hemos visto a un **Sabina** más formal, entregado en cuerpo y alma a la música y a la poesía. Aunque en su prioridad figura antes esta última que los baños de masas que cosecha en todas sus giras de conciertos.

Ha vuelto a colocarse en primera línea de la actualidad a raíz del estreno del documental de **Fernando León de Aranoa** *Sintiéndolo mucho*. En uno de los pasajes del mismo, el poeta y cantante muestra cierta desilusión con la izquierda del siglo XXI al afirmar que, tras el fracaso del comunismo en el siglo

XX, "la deriva de la izquierda latinoamericana me rompe el corazón, justamente por haber sido tan de izquierdas. Ahora ya no lo soy tanto, porque tengo ojos y oídos abiertos y cabeza para ver lo que está pasando".

Dando la vuelta a la afirmación de **Sabina**, se diría que sólo aquel que no quiere oír, ni ver, no se entera de nada. Una conclusión que no ha gustado nada a la legión de pseudointelectuales twitteros de los que están poblados esta y otras redes sociales. Habrá que citarles a todos ellos que otro hombre de izquierdas, que se la jugó de verdad en la época de **Franco**, juglar y cantante como **Sabina**, ya se lo advertía al personal. Hablo, claro está, de **Paco Ibáñez**, que, en *La mala reputación,* ya advertía algo parecido a lo que advierte hoy **Sabina**:

"… no pienso pues hacer ningún daño /queriendo vivir fuera del rebaño, /no, a la gente no gusta que /uno tenga su propia fe, / todos, todos me miran mal, /salvo los ciegos, es natural". Hay tantos en este momento que no sé si la ONCE, institución ejemplar donde las haya, va a ser capaz de absorber y atender a todos ellos.

2023

Realidad y relato

(05/01/2023)

Si hay una característica que atraviesa todo este periodo del sanchismo —léase socialismo a lo **Pedro Sánchez**—, es sin duda el de haber tomado como metodología del cambio, no las políticas reales que modifiquen la estructura de la sociedad, sus instituciones, su mentalidad… Eso exige un análisis profundo, una táctica y una estrategia complejas que exigen tener al frente del partido y de los diversos ministerios a gente preparada y con experiencia en la administración y en el gobierno. No, nada de eso. Es mucho más fácil cambiar el 'relato', es decir, hacer afirmaciones, basadas o no en análisis serios (es lo de menos…), que repiquen machaconamente los medios afines —por cierto, la inmensa mayoría—, y el resto ya es sólo cuestión de ir calando poco a poco en la opinión pública.

Ya se ve que este gobierno ha aceptado como extremadamente práctica la máxima de **Goebbels** según la cual una mentira repetida mil veces acaba por convertirse en una verdad. Principio básico del relativismo imperante que no admite verdades absolutas en ningún campo, salvo que nos beneficien a nosotros, en cuyo caso las admitimos rápidamente como axiomas democráticos y progresistas que, en caso de no ser aceptados por una parte de la población, es sin duda la de los fascistas o de los librepensadores, que para el gobierno todo es uno.

Para ellos, ni siquiera en la ciencia, terreno en donde no hay más cera que la praxis, la demostración empírica de los hechos, constatados, relacionados, medidos y analizados entre sí, son capaces de desmentir una verdad oficial. Los hechos no pueden desmentir una verdad proclamada desde Moncloa si sus autores no quieren pasar también por la vergüenza de ser desmentidos y estigmatizados.

Todo esto explica la inmensa distancia que existe entre la verdad oficial y la verdad real. Yo no he visto, por ejemplo, que la gente hable en el metro —pongamos por caso—, de lo preocupada que estaba por quitar cuanto antes del Valle de los Caídos a **Francisco Franco**, o de remover el pasado con las leyes de Memoria Histórica (época de **Rodríguez Zapatero**), y más recientemente la de Memoria Democrática.

Y mucho menos aún con la esperpéntica Ley del 'Sólo sí es sí' que, al menos teóricamente, buscaba una mayor protección legal de la mujer y, sin embargo, ha conseguido reducir las penas o excarcelar a violadores y otros condenados por violencia contra la mujer. Y, claro, como ellos nunca se equivocan, si el efecto producido por una ley unánimemente tildada de 'chapuza legal', produce consecuencias como las que todos estamos viendo, se lanzan dardos contra los jueces que las aplican, aunque hayan advertido previamente a través del Consejo General del Poder Judicial (CGPJ), que esto era más que previsible. O, en este mismo orden de cosas, la Ley Belarra de Familias, que ha encontrado hasta 16 tipos distintos, seguramente con el único objetivo de cuestionar y erosionar la familia de toda la vida en la que, por cierto, tengo la impresión de que tienen cabida los 15 restantes.

Pero donde probablemente exista una mayor distancia entre la percepción interesada de los ámbitos próximos al gobierno y los analistas serios de la realidad sea en el ámbito económico. Unos, los primeros, se muestran siempre triunfalistas con cada nuevo dato económico o laboral que, convenientemente cocinado, se saca a la luz pública. Da igual que sea el índice de inflación, el de empleo o el de incluidos en la Seguridad Social. Los otros, sin embargo, economistas, empresarios o centros de análisis de los bancos, cuando ponen en relación esos datos con los de meses o años anteriores, o cuando se cuestiona la nueva metodología del INE o del Ministerio de Trabajo para dar los datos del desempleo encubriendo como personas no paradas a los ahora denominados fijos discontinuos (antes, temporales), o cuando se relacionan esos datos triunfalistas de nuestra economía con los de antes de la pandemia o con los del resto de Europa, ese falso y forzado optimismo sale muy mal parado.

Y, para terminar, si las encuestas no mienten, parece que este afán gubernamental de dejar en el terreno de la impunidad los delitos de sedición y de malversación, por un lado, y la voluntad de hacer posible un nuevo referéndum en Cataluña, por otro, no son precisamente acogidos con entusiasmo generalizado por la opinión pública, incluida buena parte de la militancia socialista. No hay más que ver las durísimas palabras que le han dedicado varios exministros de **González** y de **Zapatero**, que se han atrevido a manifestar públicamente su preocupación y su malestar por la deriva que está tomando la política de **Sánchez** en este terreno.

Pero a **Sánchez** no le preocupa ni la opinión pública (ya la moldearemos con nuestra política de generosas dádivas…), ni los límites marcados por la Constitución de 1978. Si hay que bordearla, estirarla o retorcerla, se hace. Para eso hemos tenido que batirnos el cobre en el Tribunal Constitucional, para que brille siempre la *verdad progresista y democrática*, que es la nuestra.

No cabe duda, pues, en toda mente medianamente informada, de que más pronto que tarde tendremos referéndum en Cataluña por muy inconstitucional que sea hoy. Mañana, con la ayuda de nuestros jueces, haremos al menos que no sea inconstitucional haciendo un leve retoque de mayorías, aunque eso exija a los señores magistrados tener que saltarse la norma para cuya custodia han sido elegidos. Una vez más se cambiará la realidad —en este caso, legal—, en favor del relato.

Adiós a Redondo, el último sindicalista histórico

(06/01/2023)

¡Ay, sindicatos españoles de mis entretelas!, ¡Quién os ha visto y quién os ve! Cualquier parecido entre el sindicalismo tradicional de **Nicolás Redondo Urbieta**, que acaba de dejarnos a sus 95 años de honradez y coherencia, o de **Marcelino Camacho**, los dos secretarios generales de UGT y CC.OO. en la época del tardofranquismo y de la Transición, y los secretarios actuales de ambos sindicatos, **Pepe Álvarez** y **Unai Sordo**, respectivamente, es pura casualidad. Y aun así cuesta un inmenso trabajo encontrar alguna.

Nicolás Redondo (Baracaldo, 1927), obrero metalúrgico y secretario general de UGT durante dos décadas, fue el hombre que, con una inmensa generosidad y visión política, cedió el paso a **Felipe González** para que liderase el PSOE cuando, en principio, era él quién parecía concitar la mayoría de los apoyos en aquel ya lejanísimo Congreso de Suresnes. Años después, sin embargo, llegaría a promover junto a Comisiones Obreras una huelga general, la del 14 de diciembre de 1988, contra el gobierno **González**. A raíz de esa decisión, la brecha entre **Redondo** y **González** se ensanchó ya de forma irreversible. En todo caso, más de lo debido y las cosas se le pusieron tremendamente difíciles a **Nicolás Redondo** y, por pura coherencia, fue capaz de dar un paso al lado. Más tarde, incluso, renunció a su acta de diputado en el PSOE por desavenencias con la política presupuestaria y laboral del Gobierno de **Felipe González**, un acto que le honra y que le coloca como espejo ético en donde mirarse ante toda esta clase política y sindical que, con tal de no abandonar el sillón, es capaz de aguantar las contradicciones más escandalosas. Ande yo caliente y ríase la gente, como diría el clásico…

Ejemplo imponente el de **Nicolás Redondo** en un tiempo sin complejos, sin principios éticos ni morales que hacen posible que políticos mediocres se mantengan al frente de ministerios, en los escaños del congreso de los Diputados y del Senado. O de sindicalistas que actúan de correa de transmisión del gobierno —sólo si es de izquierdas, claro—, y que montan huelgas en función del color del gobierno de turno, y no en verdadera defensa de los intereses de los trabajadores a quienes, al menos teóricamente, debieran defender.

Y ahora, unas horas después de conocido el fallecimiento del último sindicalista histórico, llueven los mensajes de condolencia, de glosa, de capitalización de su figura. En España, y en esto no variamos nada de nada a lo largo de los siglos, no hay más que morirse para que hablen bien de uno hasta sus propios enemigos.

Retirado de toda actividad política y sindical desde 1994, fecha de su renuncia a la secretaría general de UGT, ha mantenido un silencio elocuente y lo cierto es que ni sus compañeros de sindicato ni de partido han loado su figura hasta la hora de su muerte. Una costumbre muy española de la que tampoco se ha librado un hombre que ha sido desde su juventud un verdadero referente de la defensa de los derechos y la dignidad de los trabajadores españoles. Descanse en paz.

Un año clave

(08/01/2023)

Terminábamos 2022 comentando en estas páginas electrónicas la inmensa dificultad que atravesaba la situación política e institucional española y la soledad en la que se veía inmerso **S. M. el Rey** a la hora de construir su noveno discurso de Nochebuena a todos los españoles.

La velocidad con la que transcurren los acontecimientos en esta España post pandémica no nos ha permitido analizar con el suficiente sosiego y profundidad el que, probablemente, ha sido el discurso de mayor calado y seriedad que ha pronunciado **Felipe VI** en todos sus años de reinado.

La primera constatación fue la de ver que el monarca no esconde la cabeza bajo tierra, como los avestruces, para buscar así la sensación de que, sin advertir de frente los peligros, estos ya habrán pasado.

Por el contrario, habló claro, sin tapujos, de frente y por derecho de la grave situación institucional que está atravesando nuestro país y centró los peligros de la situación en tres frentes concretos: la división, el deterioro de la convivencia y la erosión de las instituciones.

Precisamente por eso, por lo certero del análisis, merece especial atención resaltar las dos vías inequívocas marcadas por el **Rey** para hacer frente a este grave deterioro institucional. Apuntaba el monarca «el mayor compromiso de todos con nuestra democracia y con Europa», a las que definía como las columnas vertebrales de nuestro presente y futuro.

Estamos, desde luego, en una encrucijada clave para el futuro de nuestra democracia. Y tal es así porque del resultado que se obtenga en las urnas de mayo en las elecciones autonómicas de muchas de nuestras regiones, y especialmente en las generales de finales de año, puede consolidarse, o no, el trayecto que parece haberse marcado en estos últimos años el gobierno de **Pedro Sánchez** y sus socios.

Y con este término me refiero más a vascos y catalanes, Bildu y ERC, que, a sus socios directos de gobierno, Unidas Podemos, agrupación política envuelta en un mar de contradicciones y luchas internas de poder que, con bastantes posibilidades, verá notablemente mermada su representación política en ambos comicios. Sus colosales errores legislativos y su contumacia a la hora de enrocarse en esos mismos errores les pasará una merecida factura electoral.

Pero si, por un lado y tras las medidas de abolición de los delitos de sedición y de malversación, claramente instrumentadas por Moncloa para favorecer a los insurrectos catalanes, y por otro, las medidas de 'blanqueamiento democrático' de sus socios filoetarras, acompañados por el acercamiento de presos de ETA juzgados y condenados por delitos de sangre, no son castigados por el electorado de toda España —no sólo del vasco y el catalán—, podemos vernos abocados a un proceso constituyente que acabaría ya sin subterfugios de ningún tipo, en una revisión de la Constitución de 1978.

Es muy importante que el electorado español no se deje deslumbrar por las numerosas campañas de propaganda que vamos a vivir durante todo el año y que fije su mirada, no en las palabras y en las promesas de quienes han hecho de la mentira su norma de gobierno, sino en los hechos que finalmente las han desmentido. De no ser así, va a ser mucho más fácil y barato seguir prometiendo lo que jamás se va a cumplir, y actuando después con el único objetivo de mantenerse en el poder.

Y por lo que se refiere a la posible intervención de las autoridades de la UE, yo que usted no me haría muchas ilusiones. Con las asintonías vividas en algunos países del Este, integrantes de la Unión, no se ha actuado con la suficiente seriedad y firmeza, así es que no hay por qué pensar en que vayan a hacerlo en España. En todo caso, al contrario, porque la complicidad entre nuestro presidente y la presidenta de la Comisión parece cada vez más ajustada.

No hay más que ver las miradas de arrobo que le regala la presidenta a SuperSánchez. Lo dicho, si el futuro de España está en manos de alguien es más en las de todos los ciudadanos españoles con derecho a voto que en los altos despachos de Bruselas.

De vuelta a casa

(09/01/2023)

Ya no les basta con haber conseguido el acercamiento, Ahora persiguen la puesta en libertad de los presos sin que hayan cumplido las penas. Hablo de los presos etarras, por los que se manifestaban en Bilbao el pasado sábado más de 20 000 seguidores de la izquierda abertzale que representan Bildu y todos los grupos afines con un único lema común: *«Etxera Bidea Gertu»*: «El camino a casa está cerca». Ni en sus sueños más optimistas fueron capaces de imaginarlo, pero ahora, es cierto, están a un pasito de conseguirlo. Las matemáticas parlamentarias se han aliado con ellos porque sus votos son vitales para que **Sánchez** siga sacando adelante presupuestos, proyectos y leyes y, claro, eso tiene un precio.

Las víctimas del terrorismo pidieron la prohibición de esta marcha, pero desde Moncloa no miran para ese lado, así es que la marcha se llevó a cabo. Y esta es sólo la primera de muchas otras que tendremos que ir viendo a lo largo del año.

Al menos los chicos de Bildu no engañan a nadie. Tampoco los de ERC con su exigencia de nuevo referéndum, y a coste cero tras la derogación de los delitos de malversación y de sedición.

Recuérdese aquel octubre de 2021 en el que **Otegi** lo dejó muy claro en un aparente descuido ante los micrófonos: «Esos 200 presos tienen que salir de la cárcel. Si para eso hay que votar los Presupuestos, los votaremos». Y los presos se acercaron al País Vasco con la aquiescencia y la ayuda de **Sánchez** y **Grande-Marlaska**, presidente y ministro del Interior del gobierno de España, que les allanaron el camino y hasta traspasaron al gobierno vasco las competencias de Instituciones Penitenciarias y que **Urkullu** utiliza hoy para priorizar a los presos de ETA a la hora de aceptar traslados a las cárceles vascas.

Por esas 'insignificantes' cuestiones prácticas, han votado también los presupuestos de 2023. Ahora lo que toca ya es la excarcelación. Lo de tener o no delitos de sangre en la condena es lo de menos. Saldrán todos y **Sánchez** se cubrirá de gloria. Por esto sí que pasará a la historia (negra, claro…), de España y no por la exhumación de los restos de aquel dictador que murió en 1975 en el que ya no piensa nadie en España. **Francisco Franco**, por supuesto. Y es que, obviamente, hay que tener al pueblo entretenido para distraerlo de lo verdaderamente importante.

Es la nueva y clarísima hoja de ruta de Bildu y **Otegi**: que todos los presos salgan cuanto antes de prisión. Si tienen que reformar de nuevo el Código Penal, que se reforme. Si hay que cambiar un poquito más la Constitución, se cambia. Y todo por mantener a **Pedro Sánchez** un año más en el palacio de la Moncloa.

No sé si con esto podrá aguantar ya la militancia socialista, que durante decenios ha tenido que ir enterrando también a sus víctimas del terrorismo de ETA. **Sánchez** está tirando tanto de la cuerda que no sería extraño que acabase por romperse hasta de puertas adentro del PSOE. Ya ha tenido varios avisos de destacados militantes, incluso de exministros de **Zapatero**, así es que cualquier día vemos como resurge el sentido ético de un partido centenario que, de seguir por esta senda, pronto se verá que va a tener muy difícil celebrar uno nuevo.

Y luego, esa cohorte de centenares de asesores del gobierno y del partido no alcanzan a explicarse cómo ha sido posible que de esos 30 actos propagandísticos y de calentamiento preelectoral preparados a la medida del presidente del gobierno en el segundo semestre de 2022 sólo hayan podido llevarse a cabo 12. El distanciamiento de la gente hacia el presidente es cada vez mayor porque también son cada vez más grandes las razones que se dan para ello.

O ese creciente y callado temor que se está extendiendo en Ferraz ante la posibilidad cierta de que puedan perderse los gobiernos de Valencia, Aragón, Castilla-La Mancha y La Rioja. Si no aciertan a encontrar las causas que expliquen la tendencia, mejor harían en ir buscándose ya un huequecito en este deslumbrante mercado de trabajo que pinta **Yolanda Díaz**, y marcharse antes de que el voto ciudadano acabe por echar a sus jefes de los sillones que calientan.

Marxismo del siglo XXI

(13/01/2023)

No descubrimos la pólvora si afirmamos que, en el último siglo y medio, **Karl Marx** ha sido el teórico más estudiado y discutido. Su influencia sobre los movimientos políticos y sociales ha sido inmensa y aunque la caída del Muro de Berlín y la consecuente desintegración de la URSS y su modelo político y económico ha sido considerado por muchos como la prueba empírica de la falsedad de sus postulados, aún son muchos los pensadores, filósofos, politólogos y políticos que siguen abrazados a su doctrina, el marxismo.

Sus Manuscritos *Filosóficos y económicos,* 1844, *La ideología alemana,* (1845-1846), su *Manifiesto comunista* (1848) y, sobre todo, *El capital,* vol. 1, (1867), vols. 2 y 3, (publicados póstumamente), siguen siendo objeto de estudio tanto en el ámbito académico universitario como en el seno de partidos políticos y sindicatos de izquierdas.

Claro que hay también profesores y líderes políticos cuyas publicaciones y sesudos estudios e interpretaciones varias sobre el pensador alemán del XIX, han superado ya con mucho sus postulados sobre el desarrollo del capitalismo y la lucha permanente entre una clase dirigente y otra oprimida.

No estoy pensando en **Karl Kautsky**, **Eduard Bernstein**, y muchísimo más influyentes como **Lenin** (el leninismo aportó la interpretación del imperialismo, una nueva teoría del Estado y los principios de la organización revolucionaria liderada por el partido), **Stalin**, **Trotski**, **Mao Zedong** o **Antonio Gramsci** fueron los autores de aportaciones diversas que fueron haciéndose al pensamiento de **Marx**.

Todos esos nombres son ya del siglo XX y este primer cuarto de siglo en el XXI está dando también sesudas lecciones sobre el particular que, además, tienen la particularidad de que sus seguidores tienen la ventaja de vulgarizar instantáneamente sus ideas, lanzarlas a través de las redes, y en breves dosis de apenas unos cuantos caracteres, alientan a las masas, enfervorizan a sus más fieles seguidores y, además, les facilitan la tarea de tener que estudiar tantas páginas marxistas como se han escrito desde que su fundador conquistó el campo de las ideas y de la reflexión empírica, a que baste con apuntarse las máximas lanzadas ahora por sus líderes y repetirlas como un papagayo, aunque no tengan idea exacta de lo que estén defendiendo y desconozcan las bases teóricas en las que se apoyan esas ideas.

En nuestro país, por ejemplo, **Pablo Iglesias**, exvicepresidente del gobierno **Sánchez**, y sus dos colegas de partido y de movilizaciones del 15-M, **Juan Carlos Monedero** e **Íñigo Errejón**, están completando la lista de teóricos marxistas rejuvenecedores de la ya vieja doctrina.

El primero ha sido claro ejemplo de cómo multiplicar en el más breve espacio de tiempo y por varios enteros su renta personal y familiar que, incluso, le ha llevado a abandonar ciertos principios expresados públicamente de limitación de sus ingresos mensuales, o de guardar fidelidad al barrio de Vallecas, al que tanto debe. Todos hemos visto cómo su gran fuerza de voluntad le ha hecho mirar más alto y, por un lado, trasladarse a una zona privilegiada de la sierra madrileña y, por otro, estrechar sus vínculos con diversos medios de comunicación y volver a compatibilizarlo con sus clases universitarias para poder seguir pagando la hipoteca del caserón. Quizás también para demostrar así que el voto de pobreza se queda para algunos monjes que lo abrazan voluntaria y libremente.

Por su parte, **Monedero** ha consagrado últimamente su tiempo a abrir cuentas corrientes por doquier (algunos medios hablan de más de 90), probablemente con el ánimo de estudiar desde dentro el complejo mundo bancario para intentar desmontarlo cuanto antes y así poder favorecer las cuentas de sus seguidores cuando desvele los mecanismos que rigen la búsqueda del beneficio en las entidades bancarias. O, quizás también, y ahora que estamos en el comienzo de la despenalización de la malversación, lo mismo así contribuimos decisivamente a la financiación de Unidas Podemos para consolidarlo como formación política a pesar de lo mucho que está haciendo **Irene Montero** y sus chicas para impedirlo con la gestación de leyes como la del 'Sólo sí es sí'.

Lo del líder de Más País es otra historia difícilmente conectable con las teorías y las praxis marxistas. O lo mismo es que uno, que no es muy experto en ellas, no acaba de verlo. Pero bueno, el caso es que el madrileño predica en sus redes sociales su hartazgo de que, en ellas, sobre todo en Instagram, se prodigue el goteo de anuncios para conseguir un cuerpo perfecto. El líder político querría que las redes se conviertan en un espacio sano, y no un escaparate donde intoxicar a la gente con estos mensajes. Sin embargo, un avezado twittero, @polinitito, ha descubierto que en el Instagram de **Íñigo Errejón** hay varias decenas de mujeres que podrían encuadrarse dentro de ese grupo de beldades, aunque, una vez desvelada la noticia, el político ha reducido notablemente las mujeres 10 que marcan su ideal. Una vez más se demuestra que no es lo mismo aconsejar que poner en práctica el consejo. Esto les pasa por tener ya más que trilladas las teorías marxistas y no encontrar en ellas muchos atractivos. Si no, ¡qué fácil sería ir extractando algunas afirmaciones de **Karl** para emocionar a los seguidores de Más País.

Dogmas y herejías

(15/01/2023)

"La izquierda es hoy la opción política más conservadora". Aunque estoy básicamente de acuerdo con la afirmación, debo decir que la he leído en *El Independiente,* en boca de un estupendo ensayista y novelista italiano, **Alessandro Baricco** (*Novecento, Seda, Los bárbaros* y *The Game…*) que, a partir de ahora, y al margen del calado y la profundidad de su obra, estoy persuadido que va a ser tildado como fascista o, si se me permite, como un hereje de la nueva religión progresista. Más aún después de mostrarse muy crítico con "una izquierda europea a la que considera sin rumbo ni proyecto capaz de ilusionar a la ciudadanía de un continente envejecido".

Y hablo de religión y herejía con plena conciencia de lo que afirmo. El término herejía se aplicaba a una creencia a la que se llegaba por uno mismo (en griego, *hairesis,* 'elección propia'), y era utilizado para indicar sectarismo en los *Hechos de los Apóstoles* y en las *Epístolas* de **San Pablo**. Posteriormente fue utilizado en el deshonroso sentido de una creencia mantenida en oposición a la doctrina de la Iglesia, hasta desembocar siglos después, con la creciente identificación de la Iglesia con el poder y viceversa, a ser considerada un crimen contra el Estado.

El panorama no era muy diferente al que hoy se puede ver en la sociedad y los medios españoles en los que cualquier afirmación libre, por muy fundamentada que esté, que vaya en sentido distinto al de la propaganda gubernamental, no hace falta que recuerde cómo es acogido entre los ortodoxos del sanchismo y del resto de la progresía izquierdista.

El problema es aún mucho mayor cuando se pone en marcha la maquinaria propagandística que busca hacer ver al ciudadano lo que no hay. Y, para evidenciar lo que afirmo, voy a descender al escabroso terreno de los datos, geografía que maneja siempre a beneficio propio el largo brazo del gobierno y sus miles de asesores.

Cuando se hace poco menos que dogma de ley la transición energética hacia unos medios más sostenibles y respetuosos con el medio ambiente, parece que sólo están excluidos de la regla los aviones VIP del Ejército del Aire (Falcon, sobre todo), que despegaron 1 231 veces el año pasado. Entre otras *razones de estado*, para que **Sánchez** pudiese acudir al último concierto de **Joan Manuel Serrat** en Barcelona, cuando un par de días antes lo había tenido a tiro de piedra, en el Palacio de los Deportes de Madrid. Otro tanto puede decirse de la ministra y sus chicas de Igualdad, que utilizaron este mismo transporte para su *gira rockera* a Estados Unidos, haciendo escala en Azores, Maryland, Nueva York y Nueva Escocia (Canadá). Ni el ciudadano común, ni la oposición considera necesario tener que recurrir a este medio de transporte con tanta alegría, sino que, por el contrario, piensan que su utilización resulta más que abusiva.

Empleo

Otro campo sembrado de minas ideológicas y propagandísticas es el relativo a las cifras oficiales de empleo en España manejadas por el ministerio de Trabajo que comanda **Yolanda Díaz**. Cuando el Banco de España, FEDEA o el BBVA Research piden al Gobierno que identifique los periodos de actividad e inactividad de los trabajadores ahora llamados 'fijos discontinuos', no se deja de gritar eso de *¡lagarto, lagarto!* en las filas progresistas porque las fuentes técnicas serias, como las citadas, son consideradas como una especie de portavoces del capitalismo internacional cuando la realidad es que ponen en evidencia la falta de transparencia gubernamental en los datos manejados. Fijo discontinuo es un maestro que trabaja por contrato anual durante nueve meses, pero también lo es el temporero que tiene un contrato de 15 días anuales. Ni uno ni otro, sin embargo, figuran en la lista de desempleados ningún mes del año, luego una cosa es estar en desempleo y otra figurar como parado.

Tampoco se habla en los términos precisos de las cifras que periódicamente hace públicas la oficina comunitaria de estadística Eurostat. Según los últimos datos, los referidos a noviembre de 2022, la cifra de parados en la eurozona es del 6,5%, mientras que esa cifra se duplica en España, que lidera el paro en la UE con el 12,4% de desempleo.

Y, lo que aún es mucho peor, cuatro de cada diez jóvenes que se fueron al paro en 2022 en la UE son españoles. Cualquier día de estos escucharemos quizás que hasta allí han llegado también los enemigos de la progresía.

Bonanza económica

La propaganda gubernamental proclama también, no ya que España va bien —eso ya lo dijo **Aznar** y nosotros no queremos que nadie nos asocie a ese señor—, sino que esto es la pera limonera.

Con el incremento de los impuestos (IRPF, IVA, sociedades…), el gobierno ha decidido dedicar 200€ a familias desfavorecidas, pero, sin embargo, duplica esa cantidad, 400€ para dar un cheque cultural a los jóvenes de 18 años. No creo que pueda decirse con propiedad que esas dádivas vayan encaminadas a paliar la pobreza de unos y de otros.

España ha multiplicado por varios enteros su endeudamiento desde 2018, ha crecido menos que la media de los países de la UE hasta el punto de que ni siquiera ha llegado al PIB previo a la pandemia, ha incrementado notablemente el agujero de las pensiones y, por tanto, España es más pobre que hace cuatro años.

Es así a pesar de que la famosa *Agenda 2030*, tan recurrente en las declaraciones del gobierno, persiga la erradicación de la pobreza. Se considera que una persona está en la franja de pobreza severa cuando ingresa menos de 535 euros al mes (6 417 euros al año).

Hagan ustedes los cálculos correspondientes cuando pensemos en una familia de dos, tres o cuatro miembros. Pues bien, según cálculos del informe anual para España de la Red Europea de Lucha contra la Pobreza (EAPN), más del 10% de la población española, unos 4,8 millones de personas, viven hoy en pobreza severa.

Desde luego la inseguridad jurídica, el deterioro institucional y el progresivo incremento de los impuestos no constituyen precisamente un acicate para los inversores patrios o extranjeros para apostar por proyectos creadores de riqueza y empleo en España. Y de eso no tiene ya la culpa **Rajoy**, ¿verdad? En algún momento, después de cuatro años de gobierno, habrá que empezar a señalar a **Sánchez** como principal responsable de la situación. He aquí, pues, una pequeña colección de herejías de nuestros días en la España sanchista.

Rodríguez Pam, el Falcon y la paella valenciana

(22/01/2023)

Sus más que desafortunadas afirmaciones han provocado un enfado generalizado entre los ciudadanos y han sido calificadas por dirigentes políticos como indignas, bochornosas e impresentables. Incluso hasta ministras del ala sanchista del gobierno dicen —con la boca pequeña, eso sí, —sentir un profundo malestar por esas, como mínimo, frívolas e inconscientes declaraciones de la Secretaria de Estado de Igualdad, **Ángela Rodríguez Pam** minimizando y tomándose a chanza los efectos de la Ley del 'Sólo sí es sí' que ha provocado una riada de rebajas de penas a agresores sexuales.

Incluso las nada sospechosas exdirigentes políticas **Elena Valenciano** y **Manuela Carmena** y el otrora todopoderoso **Alfonso Guerra** han afeado y criticado públicamente la soberbia, la incompetencia y la contumacia de esa Ministra y ese Ministerio de Igualdad que, al menos teóricamente, se suponía que había sido creado para defender las políticas en favor de las mujeres. Pero cuando la tozuda realidad recuerda que el efecto de este engendro de Ley está provocando justamente los efectos contrarios de los que buscaba, ¿cómo es posible que ni la Ministra, ni Secretaria de Estado hayan dimitido aún, o el Presidente del Gobierno no las haya cesado fulminantemente de su cargo? Si no aciertan a darse una explicación no se preocupen, yo les voy a ayudar a entenderlo.

Así, de primeras, ¿por qué va a dimitir **Pam** si su jefa, **Irene Montero** no ha sido capaz de abandonar aún el sillón del ministerio con una metedura de pata tan grave como la de haber propiciado la reducción de penas a tantas docenas y docenas de violadores y abusadores sexuales (los últimos recuentos apuntan que ya estamos a punto de sobrepasar los 250 casos…).A unas, las de Igualdad, les falta voluntad, coherencia y decencia políticas, y a otro, el Presidente **Sánchez**, los arrestos necesarios para cesar a las dos (**Montero** y **Pam**), para evitar con ello un tsunami político con Unidas Podemos que podría llegar incluso a obligarle a tener que adelantar las elecciones generales.

Ante un panorama tan turbio como ese que implicaría de forma casi automática la posibilidad de dejar de utilizar el Falcon para ir a tomar una paella a la playa de la Malvarrosa con algunos fieles compañeros de partido para planificar detalladamente la aceleración de la caída de **Ximo Puig**, mejor dejamos las cosas como están y aguantamos el chaparrón del desprecio y la incomprensión de la opinión pública. ¿Cuándo entenderán que uno se ve obligado a tomar decisiones tan ingratas como esta de seguir al frente del timón de la Moncloa porque, simplemente, es un gran estadista y sólo las generaciones futuras sabrán apreciarlo y juzgar condescendientemente su altura de miras?

Por la senda de la regeneración

(26/01/2023)

Alberto Núñez Feijóo ha presentado en el Oratorio de San Felipe Neri de Cádiz —cuna de *La Pepa*, la Constitución liberal de 1812, primera Constitución de la nación española—, un plan de regeneración institucional basado en sesenta medidas.

Esas medidas iniciales de gobierno, **Feijóo** se compromete a ponerlas en práctica en sus primeros cien días de ejercicio del poder, si es que el pueblo español le otorga su confianza. Las principales serían la defensa de las instituciones y la recuperación de la confianza en la democracia. Ambos son los ejes sobre los que **Feijóo** aspira a consolidar su primer compromiso en el año electoral. Y no de menor calado es esa otra propuesta que fija como objetivo el fortalecimiento de las Cortes Generales tanto en su labor legislativa como en el control del Ejecutivo. Pero incluye también, y entre muchas otras, las de reforzar la independencia de la Fiscalía General del Estado, corregir la Ley del 'Sólo sí es sí' y volver a incluir en el Código Penal los delitos de sedición y el de referéndum ilegal.

El Oratorio de San Felipe Neri recupera así el valor formal de acoger un nuevo y leal compromiso de un líder con todo el pueblo español. En realidad, todos ellos deberían ser asumidos por todos los partidos que defiendan la Constitución Española de 1978, así es que ya sabemos quiénes no van a sentir esa declaración y compromisos como reglas 'naturales' del juego democrático: el gobierno de **Sánchez** y todos sus socios de izquierda radical, que ven en este desconcierto político e institucional el río revuelto perfecto que más y mejores perspectivas presenta para la consecución de sus objetivos independentistas y desestabilizadores en el menor plazo posible.

Pero, ¿por qué creer a **Feijóo** y no a **Sánchez**? Obviamente este último no ha parado de darnos razones continuadas durante estos últimos cuatro años para desconfiar eternamente de él: Dime lo que prometes y te diré que es exactamente lo que no harás.

Hemos visto ya que **Pedro Sánchez** desconoce absolutamente qué es una verdad, y que su estado natural es la falacia, la impostura, la mentira y la traición a la palabra dada públicamente. Pacta con los enemigos de España y únicamente por mantenerse en Moncloa, no por el bien de todos los ciudadanos.

Bien hace **Feijóo** distanciándose de las formas que han regido en esta etapa sanchista y firmando un pacto por escrito, con luz y taquígrafos, con toda la nación, comprometiéndose así a deshacer lo que está mal hecho, y a no seguir por la senda de la autocracia y del autoritarismo que viene vaciando de contenido hasta la función más sagrada de la democracia, la de legislar en conjunto, desde el Parlamento y no a través del abuso sistemático y sostenido del decreto ley.

Ahora, a esperar que el pueblo hable, a que las urnas reciban la voluntad que libremente expresen democráticamente los españoles con derecho a voto.

La universidad, Ayuso, el ministro del ramo y la libertad

(31/01/2023)

La semana pasada, la presidenta de La Comunidad de Madrid, **Isabel Díaz Ayuso**, fue recibida entre gritos y aplausos a su llegada a la Facultad de Ciencias de la Información de la Universidad Complutense de Madrid, el centro universitario en donde cursó sus estudios de Periodismo, para recoger el reconocimiento como «alumna ilustre» de la facultad en la que se formó.

«Ayuso asesina» y «Mayoría absoluta», eran los gritos opuestos que tuvo que escuchar la dirigente del PP a su entrada en el salón de actos donde tuvo lugar la entrega de premios, que también recibían los periodistas **Ángel Expósito** y **Almudena Ariza**, el actor **Antonio de la Torre** y el escritor **Arturo Pérez-Reverte**.

Ya el acto en sí fue tenso tras la sorpresiva intervención de la alumna **Elisa María Lozano** durante su discurso de aceptación del premio extraordinario por ser el número uno de su promoción en la Facultad de Ciencias de la Información, un verdadero escrache lanzado contra la presidenta madrileña por alguien que había sido educada en un colegio totalmente privado de Móstoles (Madrid), el Liceo Villa Fontana, que admite alumnos desde infantil hasta bachillerato. Y, a la salida, integrantes de un sindicato de estudiantes subvencionado en los últimos años por el gobierno de la nación, gritó consignas y lanzó insultos a **Díaz Ayuso** por considerarla indigna de recibir el reconocimiento que acababa de recoger.

Pero eso no fue todo, porque hasta el mismo ministro de Universidades, **Joan Subirachs**, del ala de Unidas Podemos, decía ver 'normal' el sabotaje contra la presidenta de la Comunidad de Madrid.

Nos quejábamos de la existencia, hace ya unos siglos, de la Inquisición en nuestro país (por cierto, suprimida en España en

1843, tras un primer intento fallido, de los liberales en las Cortes de Cádiz, en 1812), pero de intolerancia y de condenas a priori no hemos dejado de saber y practicar casi dos siglos después. Y que lo haga un sindicato subvencionado, está en la lógica de los acontecimientos, pero que participe en condenas como esas todo un señor ministro, además prototipo de ministro florero, o ministro fantasma, es decir, no ejerciente, es aún más lamentable.

Tiene razones mucho más poderosas para ejercer esa crítica y, sin embargo, no lo hace. Le recuerdo al señor ministro **Subirachs** que **Begoña Gómez**, esposa del presidente del gobierno, **Pedro Sánchez**, dirige desde el año 2020 una Cátedra en la Universidad Complutense de Madrid y, si no estoy mal informado, la señora **Gómez** no es ni siquiera licenciada (los estudios de marketing de los que habla en su currículum no están homologados). Es la única titular de una cátedra sin tener siquiera el doctorado y sin haber pasado por tribunal alguno de la universidad para conseguirla. Una cátedra que se formó de la noche a la mañana, claro está, *por ser vos quien sois.*

Un hecho como este, que atenta no sólo contra la inteligencia sino también contra la misma esencia de una universidad pública, como la Complutense de Madrid, no parece incomodar lo más mínimo a los sindicatos de estudiantes que gritaban contra **Ayuso**. Y eso que la señora **Gómez** ni es catedrática, ni doctora, ni siquiera licenciada.

Tampoco al titular del ministerio de Universidades que acepta como normal algo que simplemente sale de la voluntad de su poderoso jefe del ejecutivo. Y, lo que, aún es mucho peor, retrata también a la Universidad Complutense, y al resto de universidades públicas españolas, que han optado por el camino del silencio y la aceptación de una situación académica absolutamente irregular —si no también ilegal—, por el mero hecho de no incomodarse con quien pone y quita, da y retira, aprueba o deniega presupuestos, ayudas y subvenciones.

Este sí que es un hecho verdaderamente denunciable frente al cual callan todos: sindicatos estudiantiles, el ministro del ramo y, lo que ya es el colmo de los colmos, rectores, decanos, catedráticos, profesores y alumnos de todas las universidades públicas españolas.

¿Dónde está el espíritu crítico que teóricamente, se forma en ellas? **Simone de Beauvoir** tenía toda la razón cuando escribió aquello de que "El opresor no sería tan poderoso si no tuviera cómplices entre las víctimas...".

Agujeros

(03/02/2023)

Han tenido que pasar cuatro meses para que en Moncloa hayan comenzado a pensar en enmendar un error jurídico como la copa de un pino, el de la promulgación como sea y a costa de lo que sea, de la llamada Ley del 'Sólo sí es sí'. Con ella, las mujeres españolas iban a estar superprotegidas legalmente, los agresores sexuales iban a huir despavoridos al otro lado del mundo. Las 'chicas de oro' del Ministerio de Igualdad iban a ser ya canonizadas por la nueva religión progresista, comunista, sanchista, ecologista y feminista. Pero resulta que el tiro del gobierno en pleno —no sólo de **Irene Montero**, porque la iniciativa tenía el visto bueno del Consejo de Ministros, y luego fue secundada con sus votos por buena parte del Congreso de los Diputados (PSOE, Unidas Podemos, ERC, Bildu y el resto de socios parlamentarios del gobierno, más Ciudadanos)—, salió por la culata desde el primer minuto.

Pero son ya cerca de 400 los condenados por abusos sexuales, violaciones y demás delitos de este jaez, que ya se han visto beneficiados en la reducción de sus penas por la aplicación de la nueva ley. Varias decenas de ellos, incluso, están ya en la calle. El ataque de "soberbia infantil" (la calificación es de **Manuela Carmena**), el enrocamiento leninista de la cúpula del Ministerio de Igualdad en torno a su gran lideresa, **Irene Montero**, no ha tenido ni una sola fisura. Todas al contraataque de los medios fascistas y machistas, contra el electorado de extrema derecha, es decir, de todo aquel ciudadano que critica públicamente —en la esquina, en el metro, en el bar…—, cualquier decisión surgida del seno ministerial o gubernamental.

Ni siquiera esas risas desafortunadas, extemporáneas e irrespetuosas con las víctimas de abusos —por ser bondadoso—, de la Secretaria de Estado de Igualdad, **Ángela Rodríguez Pam**, en un acto público, han hecho doblegar la voluntad de la cúpula de Igualdad. Han retorcido argumentos hasta rozar el esperpento. El asunto era "una mala interpretación de la ley por parte de los jueces" o incluso de su criterio "machista". Esperaban ilusos al pronunciamiento del Tribunal Supremo para ver si este echaba una mano al ejecutivo sentando jurisprudencia en su favor. Pero la sala correspondiente del mismo se pronunció inequívocamente en el sentido de que es "obligatorio" rebajar la pena en aquellos casos en los que la Ley del 'Sólo sí es sí' sea más favorable para el agresor.

Pero parece que, con mayor o menor consenso con la parte podemita del gobierno —en la otra, la sanchista, no hay quien le rechiste, por la cuenta que les tiene, claro—, **Pedro Sánchez** no está dispuesto a sufrir aún más el desgaste electoral que le está suponiendo también a su propio partido lo de "sostenella y no enmendalla" y está dispuesto a hacer algún *arreglillo* legal que le permita paliar en lo posible los efectos perniciosos de la aplicación de esta ley, que le está dando muchas más noches sin sueño que aquel teórico matrimonio de conveniencia con **Pablo Iglesias** poco antes de celebrarse las elecciones que le han llevado a la presidencia del gobierno.

Siendo más que grave esa inacción que ha supuesto el agujero legal en la situación de todas las mujeres víctimas de acoso sexual que ahora de nuevo tienen que enfrentarse a la ansiedad y al peligro de las represalias por parte de sus acosadores, hay otro agujero aún más grande y mucho me temo que irreparable.

No nos engañemos. El cambio de postura de Moncloa no es tanto por intentar que la mancha del desastre legal, rebajas de pena y excarcelaciones incluidas, se extienda como la pólvora. No es la causa última que va a mover al ejecutivo para el "perfeccionamiento" —el término es suyo—, de la Ley del 'Sólo sí es sí', sino más bien paliar el desastre electoral que se les viene encima como consecuencia de su soberbia, su sinrazón, su estulticia y su estalinismo de libro. Ni un paso atrás porque, de otra forma, ¿cómo vamos a seguir argumentando que es absolutamente necesario mantener un Ministerio de Igualdad? En otras palabras, que es la ideología la que sostiene una Ley como la del 'Sólo sí es sí', técnicamente deplorable y legalmente deleznable a juzgar por las consecuencias inmediatas que está trayendo a las mujeres violadas o abusadas. Estas importan menos que la permanencia de un ministerio que mira más por mantener los altos salarios de su Ministra, Secretaria de Estado y demás altas funcionarias que por la protección de las mujeres a quienes dice defender.

¡Cuatro meses sin que la cúpula del Ministerio de Igualdad haya hecho el más ligero intento de dimitir! O que el Presidente **Sánchez** cese a sus máximas responsables. Sólo ahora, —repito, con más de 300 beneficiados por este esperpento legal—, se va a hacer algo. El agujero legal podrá disimularse de aquí en adelante. A los beneficiados por la aplicación de la ley actual no se les puede volver a la pena anterior ni a volver a la cárcel si no reinciden. Pero es aún mucho mayor el indeleble agujero ético, moral y de desconfianza que la actitud del gobierno deja entre los ciudadanos de a pie. Hay cosas que no se pueden ni se deben olvidar.

Campeones mundiales (de la chapuza)

(11/02/2023)

Imagínate que un día contratas una obra para sustituir la bañera de casa por un plato de ducha. Eliges modelo, decides el tipo de alicatado y, de paso, quieres sustituir también la puerta de acceso al baño. Pues bien, llega el día de examinar el resultado de la obra contratada y resulta que el agua se queda estancada en el plato de la ducha, los ladrillos no son exactamente los que se habían acordado, sino bastante más oscuros y, de remate, la puerta es diez o quince centímetros más estrecha que la anterior. ¿Le pagarías a los obreros por la finalización de la obra?

Pues algo así ha sucedido con el tren de vía estrecha de Cantabria, pero a lo grande. Tan grande, tan grande, que el importe de la licitación se aproxima a los 250 millones de euros y, como consecuencia de un error de cálculo, se ha retrasado la obra tres años. Pero el error no ha sido nimio, los trenes diseñados no caben por los túneles ya existentes. Y aquí no ha mediado un rato de charla y cuatro mediciones por parte del contratista, sino el detallado estudio de todo un pliego de condiciones técnicas muy complejo, y por tanto teóricamente concienzudo, meditado y estudiado durante meses por técnicos responsables de Renfe, de Adif y de la empresa adjudicataria de las obras del nuevo tren de cercanías, así como de los responsables de las comunidades autónomas afectadas (Cantabria y Asturias, fundamentalmente). Y luego resulta que los trenes que se pedían no caben por los túneles que tenían que atravesar. Como puede verse, el resultado no difiere mucho del doméstico, aunque con consecuencias inmediatas, a medio y a largo plazo de difícil compensación.

A la espera del resultado de la auditoría anunciada por la ministra de Transportes, Movilidad y Agenda Urbana, **Raquel Sánchez** (¡el viejo truco de crear una comisión…!), la cosa se ha ventilado en principio con un par de ceses de mandos intermedios —uno en Renfe, otro en Adif—, y aquí paz y después gloria. Todos los responsables de chapuzas como estas, secretarios de estado y ministros incluidos, parecen decir "a mí que me registren, esto no va conmigo".

Claro que, bien pensado, esto es *peccata minuta* si se compara con las escandalosas consecuencias de la aprobación de la Ley del 'Sólo sí es sí', o de la declaración de inconstitucionalidad de la ley promulgada por el presidente del gobierno al comienzo de la pandemia encerrando, a cal y canto, a toda la población en lo que de facto constituyó más un estado de sitio que uno de alarma, como se empeñaba el gobierno en llamar para darse tiempo a llevar a la práctica su plan de cambios de todo tipo (educación, eutanasia, ampliación del aborto, Ley Trans, modificación al alza de impuestos varios a autónomos, empresas, bancos y eléctricas, copar entes clave —INE, RTVE, CNI— y empresas estratégicas, y un largo etcétera de atracos creativos legales que dejen boquiabierto al perplejo y estupefacto ciudadano). Y, para que la tramitación en el parlamento no constituyese tampoco un freno a sus pretensiones de aplicación de diversos planes de ingeniería social, no iban a hacerse a base de propuestas de ley, —procedimiento jurídicamente más seguro, pero mucho más largo— sino haciendo uso del rodillo del decreto ley, hasta el punto de que nunca antes un gobierno democrático había hecho un uso tan extenso e intenso de la fórmula jurídica hasta la llegada de **Pedro Sánchez** a la Moncloa.

Como digo, así las cosas, por 250 millones de nada, y un atraso de unos años en disfrutar de los nuevos trenes, tampoco es para ponerse así, fíjate, si no, en los sufridos ciudadanos extremeños que ahí siguen, mirando embobados el acto inaugural del AVE que, al final, ni AVE ni nada, que no hay forma de presentarse en Cáceres, Mérida o Badajoz en menos horas de las que ya se empleaban hace medio siglo en hacer el mismo trayecto.

Estamos en el país de *La escopeta nacional* (**García Berlanga**), el país de las chapuzas encadenadas, las de **Pepe Gotera y**

Otilio, aquellos héroes de quienes nos comenzamos a educar en la lectura de los tebeos que, visto lo visto, eran auténticos tratados filosóficos, políticos y sociológicos, y hasta visionarios. Aquí llega a ministro cualquiera, y sin conocimientos mínimos necesarios para el cargo y, por supuesto, menos aún para la asunción de responsabilidades. Con tirar luego de argumentario y descalificar ideológicamente a quién se atreve a criticar al ejecutivo, ya está todo arreglado. Y si hay que mentir, se miente, y si hay que poner en práctica eso de a ver quién se atreve a replicar a lo que dice el señor o la señora ministro, ministra o ministre, que dé un paso al frente, y se va a enterar de lo que vale un peine. Y eso sí, lo principal, ¡de dimisiones, nada de nada! Sólo dimiten los débiles, los pusilánimes, los que creen que todo un señor ministro va a tener que estar atado a principio ético alguno. ¡Hasta ahí podíamos llegar!

A veces me gustaría ser alemán. Allí, al menos, hay quién dimite, y por razones mucho menores de cualquiera de las expuestas más arriba. La última, a mediados del pasado mes de enero, la ministra alemana de Defensa, **Christine Lambreth**, que presentó su dimisión al canciller federal, **Olaf Scholz** simplemente porque era atacada por medios alemanes por su postura remisa a ayudar a Ucrania con la entrega de los Leopard 2.

Lo mejor es la argumentación pública que dio para justificar su decisión: "El enfoque de los medios sobre mi persona hace difícil una información y discusión profesional sobre soldados, el ejército federal y cuestiones de política de seguridad". Lo mismito, lo mismito que sucede aquí, en donde hay ministros que ni saben ni pueden, sobre la materia de su competencia. Entre otras cosas porque no se les exige. ¿Dónde imaginas que podría haber un gobierno occidental que incluya en su seno ministros comunistas, prorrusos y antiOTAN en plena guerra de Rusia contra Ucrania? Bingo: ¡En España!

Mi compromiso con la historia

Ellos no pueden entenderlo. Hay que ser un hombre de estado, como yo, para acercarse a atisbar el compromiso que uno tiene con sus compañeros de partido, con sus abuelos, con su país. Dicen que me muevo exclusivamente por el afán de poder y me gustaría convencerlos de que eso no es así. A veces llego a pensar que España no me merece. La he librado de **Franco**, de la corrupción, del problema catalán, del problema vasco, he despenalizado el delito de sedición y rebajado con mucho el de malversación, y hasta he integrado al sistema a los chicos del 15-M, esos que capitaneaba **Pablo Iglesias**, que luego fue mi vicepresidente 1º y que yo pensaba que no me iba a dejar dormir. A veces le falla a uno la intuición y su natural humildad le inclina a reconocerlo. Claro que luego ahí están las fuerzas retrógradas de la extrema derecha para recordárselo a cada momento. ¡Dios, qué paciencia!

Y luego me salen por ahí desleales como aquel ministro de Cultura que nombré… ¡Vaya, ni siquiera recuerdo ahora su nombre…! Sí, hombre, el valenciano, superprogre, simpaticón y mediático que no me duró más que una semana ¡**Maxim Huerta**, sí! Lo entrevistan en *El Hormiguero* y va y dice el tío que confirma mi vanidad y declara que, cuando me comunicó su intención de dejar el ministerio como consecuencia de alguna picia que le gastó a Hacienda, voy yo y, saliendo por peteneras, y después de admitirle su dimisión, parece que le dije "Me pregunto qué dirá de mí la Historia".

Y es que el pueblo, de natural inculto, no sabe ni la misa la media de narcisismo y vanidad. Para narciso, *El lindo Don Diego*, el héroe de **Agustín Moreto**, aquel dramaturgo del XVII que dibujó un personaje engreído, estúpido y petulante hasta la médula. ¡Hay que tener miopía magna o ser insidioso hasta el tuétano para compararme a mí con ese petimetre de ficción y de tres al cuarto!

Nada de lo erróneo que pueda haber hecho mi gobierno me es achacable. Por ejemplo, esa Ley del 'Sólo sí es sí', que me está trayendo por el camino de la amargura y que —ahora sí que sí—, me está llegando a quitar el sueño, ha sido por mor de esa jovencita, **Irene Montero**, empeñada en hacer leyes sin saber. Ahora me quieren culpar a mí también de esa metedura porque no quieren ver que yo soy un presidente que delego, que no soy autoritario, que voy siempre con la verdad por delante, que no sé lo que es mentir, y que lleva a gala la verdad por bandera.

Lo que no perdono de verdad es a algunos de mis excompañeros de partido que tuvieron también responsabilidades de gobierno. Como **José Luis Corcuera** que ha llegado a afirmar «Espero que los españoles no olviden la ausencia de compromiso con la verdad de **Pedro Sánchez**», o ese otro, **César Antonio Molina**, que se ha quedado tan pancho diciendo que "**Sánchez** no es socialista, es un autócrata". ¡Y yo que pensaba que la envidia era sólo cosa de las derechas…!

Pero, ahora que lo pienso, será mejor que me vaya esforzando de aquí en adelante en no volver a hablar de mi papel en la historia porque eso significaría que ya no estoy en Moncloa. No, no puedo permitirlo porque España me necesita, mucho más que yo a ella. Al fin y al cabo, están en Europa, en la OTAN y en otros cuantos organismos internacionales más deseando que llegue allí para deshacer los enredos que han marcado mis antecesores en el cargo. Entonces sí que me van a echar de menos los españoles. Pero, claro, lo habrán merecido porque si es así, es que no me habrán vuelto a votar para que rija sus destinos otros cuatro años más. Todo es pura envidia. Si ya tengo un papel en la historia, si me dejan otra legislatura, emborrono el legado de **Felipe II**, de **Carlos III**, y hasta de este otro **Felipe VI**, rey que me está haciendo tan difícil traer la III República.

Hola Irene, soy Petrita

(17/02/2023)

He hecho la jugada maestra. Nadie lo intuía siquiera. Ya tenemos Ley Trans y, ahora sí que sí, voy a salir del armario para entrar en la Historia con mayúsculas y por la puerta grande. Voy a ser, desde ya, la primera presidenta del gobierno de España. Lo de **Franco** y esas mandangas ha sido sólo un movimiento de distracción, una verdadera jugada maestra —sí, soy un maestro, bueno, desde ya, una maestra, soy la mejor…—, para escandalizar la derechona de **Feijóo** y **Abascal**, y para distraer a mis aliados de gobierno. Ahora soy más izquierdista y más progre que **Pablo Iglesias** y **Yolanda Díaz** juntos.

Y cuando llamo a **Irene Montero** para decírselo, la pobre se me ha quedado patidifusa, confundida y boquiabierta: "Presidente, ¿estás seguro?, ¿segura?, ¿segure?". Y, claro, es que ya se las ve venir. Si hasta ahora he sido el presidente del gobierno más guapo de la historia, el más alto y el que mejor inglés habla, el más progre y el más izquierdista, ahora voy a ser la referente feminista más avanzada y más guay. Todos los presidentes de la Unión Europea me mirarán con envidia, con arrobo aún mayor si cabe, y lo mismo más de uno sigue mi ejemplo. Y eso le duele mucho a la pobre **Irene**, inocente ella que ya se veía como la dirigente histórica del feminismo del siglo XXI. Había dejado ya en la cuneta a **Carmen Calvo**, a **Elena Valenciano**, a **Amelia Valcárcel** y hasta a la histórica y comunista **Lidia Falcón**. Pero con mi jugada maestra no contaba. ¡Je, je, je!, ¡Soy el mejor…, que diga, soy la mejor, y siempre lo seré!

Pero, ahora que lo pienso, ¡si tenemos elecciones en cuatro días! ¿Cómo acogerá mi jugada el electorado español? El de izquierdas ya lo sé, pero el de centro, que es donde está el meollo de las mayorías, no estoy tan seguro de que diga…, segura, segure… Bueno, pues lo mismo un par de días antes de las votaciones digo que vuelvo a ser **Pedro** y ya está. Con la nueva

Ley Trans todos podemos ser quienes queramos, cuando queramos y como queramos. **Pedro** de día, **Petrita** de noche. Si
sale bien, esa ley es mía. Si sale mal, como la del 'Sólo sí es sí',
se la atribuiremos a **Irene** para que siga enrocándose, que eso
lo hace muy bien. ¡Soy un maestro, soy una maestra!

Compañeros de viaje

(19/02/2023)

Me dicen las gentes de base del partido que siga expresando en voz alta mis cuitas, mis preocupaciones de estado, mis anhelos y mis decepciones. Lo haré por un tiempo, al menos mientras estos compañeros y colegas de viaje y de consejo de ministros me obliguen a ello con su actitud miope y cortoplacista. Y es que **Montero** —**Irene**, la de Galapagar, o la de Igualdad que tanto monta…, no la sevillana graciosa, brutota y recaudadora, que esta me tiene muy contento—, que se niega precipitar la reforma de esa ley que está rebajando penas a pederastas y violadores y, lo que aún es peor, haciendo que la gente siga mirándome con desprecio e impidiéndome que remonte en las encuestas. ¡Lo que tiene uno que aguantar para seguir ayudando a su país desde Moncloa…!

Y a mi ministro de Presidencia, **Félix Bolaños**, se le ocurre la feliz idea de "humanizarme" —¿es que acaso yo soy un lobo, un puma, una serpiente? —, y mandarme unas cuantas cámaras de vídeo y otras tantas de fotos a la casa de dos jóvenes a tomar un café con ellos y divulgarlo después desde la factoría de casa (Moncloa, claro). Lo mismo que hice hace unos días en Parla con un grupo de pensionistas del partido, echando una petanca. No sé si es lo más apropiado posible, pero estoy harto de que me tengan por una especie de Robocop, un ser más frío que un pez que se ha grabado a fuego en su cabeza lo de la empatía, pero lo de practicarla, poco. ¡Y mira que soy amiguete de los chicos del cine y del teatro, y hasta voy a los premios Goya! Una amiguilla viene de vez en cuando a Moncloa para darme clases de arte dramático. Pero nada de nada. La gente está muy susceptible y no me traga ni una. Y, ya contra reloj, con las elecciones a tiro de piedra, no hay forma de aparentar lo que no siento. Lo hago por España y la República, bien lo sabe **Carlos Marx**, pero esto tampoco cuela. Claro, que lo que no les voy a decir nunca es que ese joven del café de Parla es hermano de uno de mis centenares de asesores. Detalles tan inocentes como este sé que no le importan nada a los ciudadanos.

No quisiera confirmar que ese que me iba a quitar el sueño si pactaba con él, acabe por llevarse el gato al agua preparándome ahora emboscadas callejeras el ocho de marzo en las manifestaciones feministas. A la gente ya se le ha olvidado el Covid, el inicio de los contagios, los encierros y todo eso, y ahora viene ese al que llamaban *El Coletas* —ahora reconvertido a chico formal y levantando su tele de la mano de **Roures**—, a intentar resucitar mi insomnio. ¡Pues se va a enterar ese profesorcillo de tres al cuarto, agitador de salón y exministro sin cartera que se especializó en tocarme las narices —por no aludir a partes más pudendas y contundentes, porque no sería muy feminista…—, desde el mismo seno del consejo de ministros!

Si quieren guerra política, la tendrán. No saben bien estos niñatos quién soy yo. No saben de mi experiencia, de mi habilidad táctica y estratégica. De mi 'resiliencia', que hasta valgo para resucitar palabras, conceptos e ideas e ilusionar con ellas al pueblo. Los voy a mandar al río, a pescar truchas o salmones, como **Francisco Franco** (¡lagarto, lagarto!), y como **Nikita Kruschev**, para que así tengan algo en qué pensar, más allá de destrozarme el mercado de los alquileres, o sacarme a la calle a militantes y descontentos. Claro que mientras **Isabel** (**Díaz Ayuso**, claro), esté ahí, al frente de Madrid, seguirán entretenidos manipulando datos sobre la Sanidad y todo eso. Yo, que soy más listo, muchísimo más listo que ellos, no voy a lanzarme al ruedo como **Iglesias**. Mejor mando a **Reyes Maroto**, mi ministra de Turismo, a que se bata el cobre con **Ayuso** y así, de paso, me la quito de en medio y después feminizo aún más mi consejo de ministros, que eso se me da la mar de bien.

Y, como yo digo siempre la verdad, por mucho que la derechona siga insistiendo en lo contrario, tengo que agradecerle esta vez al Partido Popular —en realidad, una vez más—, su torpeza al designar a ese economista, de cuyo nombre ni quiero ni puedo acordarme, como consejero para el Banco de España que va y dimite sólo unas horas después de ser nombrado. Y todo por el *quítame allá esas pajas* de que un medio de comunicación lo descubrió como firmante en una lista de apoyo a **Clara Ponsatí**. A ese no lo cojo yo ni de asesor, por mucha formación financiera que atesore (¡je, je, je! seguro que tampoco en el PP se les ha quedado el cuerpo para pillar mi lúcido comentario: tesoro y Banco de España. ¡Je, je, je!).

Seguiremos, seguiremos dando claves al ciudadano para que sepa ver en mí a un hombre de estado, a un humilde ciudadano que ha llegado a lo más alto de la estructura de poder de la nación. Bueno, a lo más alto, todavía no. Pero, dejadme unos meses más, y ya hablaremos.

Prontuario

Sigo aquí, en mi despacho oficial monclovita, tirando de los hilos de aquí y de allá para intentar recomponer la cosa pública, que últimamente y a medida que nos acercamos a mayo y a fin de año, para los políticos de raza, las elecciones es lo único que cuenta. ¡Me río yo de las proyecciones de los estudios de opinión, incluso de los de mi colaborador **Tezanos**! La semanita no ha sido lo que se dice buena. Vienen aquí parlamentarios europeos, con **Monika Hohlmeier** al frente, para meter las narices en Igualdad, por los catastróficos efectos de la Ley del 'Sólo sí es sí', y en Economía por el mal reparto de los Fondos Next Generation para así darnos un tirón de orejas. Y luego para nada, porque el Parlamento sólo propone y es luego la Comisión quién dispone. Y allí tengo a mi amiga **Ursula von der Leyen** que, seguro que no me va a fallar, por la cuenta que le tiene, claro, porque luego ella va a necesitar mis votos más que yo los de Bildu, ERC y Unidas Podemos para repetir legislatura.

Pero no es eso sólo, no. Primero, las dimisiones sincronizadas en el ministerio de Transportes (el secretario de estado y el director de Renfe), que no me digas que no han sido equidistantes y bien trazadas. Les digo a mis ministros que insistan en este término y que no se les ocurra decir "ceses" (que es lo que de verdad han sido), que luego quieren que sigamos por Igualdad y eso es ya harina de otro costal. Y ya que hablamos de **Irene Montero** y sus *Mariachis*, tengo que decir que cada día se me indigesta más. Claro que hay que disimular porque la gente tiene que ver que aquí quien manda soy yo, pero cada pena reducida entre los violadores me cuesta un dolor. Y cada vez me resulta más difícil decir que es por las mujeres (eso ya se da por descontado para el presidente del gobierno español más feminista de la historia), sino porque hasta los míos se me están revolviendo y eso afecta mucho a mis expectativas electorales.

A este paso no sé si voy a ser capaz de aguantar mucho más allá de junio, sobre todo si se me van Asturias, Cantabria y Aragón. Y si, además, le siguen Valencia y Baleares, no voy a tener más remedio que hacerlo. Aunque, eso sí, diré que es porque soy mucho más demócrata que **Feijóo**, que ese no se habría ido nunca. Así es que no me queda más remedio que seguir tirando de Falcon. Antes se quejaban porque lo utilizaba hasta para ir a los mítines de mi partido, pero ya se han ido acallando las voces de protesta porque saben que España me necesita. Viaje en Falcon más, Falcon menos, ya han visto que, con la otra **Montero**, **María Jesús**, la de Hacienda, somos los reyes de la recaudación. Hasta sacamos más y más reduciendo IVA, que no sé por qué diablos no le hice caso antes a **Feijóo**, que me lo venía diciendo insistentemente. A ver si lo convenzo y pacto con él, y luego le doy una patada en el trasero, que bien merecida se la tiene porque no hace más que retratarme en mis contradicciones.

Y la **Calviño**, que estaría mucho más guapa calladita. ¡Pues no va y suelta por ahí que ella ve que la cesta de la compra está más barata! ¿Sabrá esta dónde está el supermercado más cercano a su casa? Y en el ministerio, allí en la Castellana, no hay ni uno solo porque está el metro cuadrado de los locales comerciales imposible hasta para Mercadona. Y **Yolanda Díaz** con su manía de no dejar quietas las reglas de juego del mercado de trabajo (ahora con lo de volver a los 45 días por año trabajado para el despido). O **Echenique** y **Pablito Iglesias**, que no paran de retarme con sus bravatas de colegiales cabreados. y ya hasta el Barça (que es mucho más que un club) me sale con los millones a los árbitros y a los periodistas. Yo creía que a estos sólo los compraba yo.

No hay más remedio que seguir tirando de chequera para contentar a los sindicatos, a los estudiantes, los pensionistas, los funcionarios, las amas de casa, las feministas, los animalistas, los médicos, los transportistas, los obreros de la construcción y algunos colectivos más por ahí, que si no se me levantan y ya no me dejan ni grabar esos vídeos tan bonitos que me están haciendo desde Moncloa. ¡No me digas que este último de los estudiantes en la biblioteca del instituto, que la cerraron sólo para mí, no está la mar de bien!

Bien pensado, no sé para qué sirven, porque los míos me van a seguir votando y los otros a seguir gritando. Bueno, pero al menos me entretengo un poco y mientras **José Manuel Albares** me prepara otra gira dentro o fuera de Europa, me evado del día a día. ¡Ah! Y no tiene que olvidarse que tengo que ir otra vez a Marruecos para cumplimentar a **Mohamed VI**, que luego va y se me enfada. Y si no vuelve a Rabat, pues voy a Costa de Marfil, que allí tampoco se debe de estar nada mal. No un par de meses, como él, porque España me necesita y a la vuelta, yo sólo quiero estar un poco más moreno, pero no negro, porque eso es racista y a mí no me saca nadie los colores.

Y que no vengan ahora también pájaros como el de Canarias y exdiputado de mi partido, **Juan Bernardo Fuentes Curbelo**, metido de hoz y coz en el caso *Mediador,* que hasta me ha sacado los colores con esos sobornos a empresarios y visitas a burdeles. O con la diputada independentista catalana, **Miriam Nogueras**, que va y aparta la bandera española de la sala de prensa del Congreso. ¡Y qué le ordeno yo ahora a **Meritxel Batet** (¿quién manda en el congreso, eh, quién manda?), para que no se me enfaden mis socios preferentes de la estelada! Mira que les tengo dicho que voy a despenalizar los ultrajes a la bandera, pero nada, ellos tienen que subrayar otra vez que me tienen cogido por semejante parte. ¡Que cruz!

El caso es que no me dejan en paz para mis asuntos estratégicos. Porque lo mismo le doy un día de estos algún empujón al prontuario que estoy escribiendo, un documento que quiero que también engrose mis múltiples aportaciones a la historia de este país, que un día sabrá apreciar en sus justos términos lo que ha significado mi figura en su futuro. ¡Ni Borbones, ni hostias, **Pedro** y sólo **Pedro**! Lo que sí van a admirar hasta mis detractores es esta visita sorpresa que me va a llevar hasta Kiev. Soy como **Byden**, un líder carismático y mundial. Me lo dice mi espejito maravilloso cada mañana al levantarme: ¡Tú, **Pedro**, llegarás donde quieras porque eres el mejor!

Mi reciente viaje a Kiev

(02/03/2023)

Hay cosas que uno no elige. Lucir palmito, por ejemplo. Si soy guapo, ¿qué le voy a hacer? Si soy valiente, ¿por qué no voy a ir a Kiev, a mostrar allí nuestra solidaridad al presidente **Volodimir Zelenski** y su pueblo? Y, claro, ya que estoy allí, unas fotitos, unos vídeos para la historia que, me guste o no, son imprescindibles. El pueblo español debe de seguir mostrándose orgulloso de su presidente y de su inglés, que cada día lo hablo mejor. Y a los periodistas, como a los diputados de la oposición, les contesto lo que quiero. Aquí no hay censura. Pueden preguntar lo que quieran. A cambio, es lógico, yo que soy el presidente les contesto también lo que me interesa.

Mi álbum fotográfico, aunque yo no lo quiera, va creciendo y creciendo. Que me llevan a una biblioteca de Fuenlabrada, pues voy. Que quieren fotografiarme y hacerme vídeos montando en bicicleta, me dejo, o jugando a la petanca o en el pisito de esos dos jóvenes recién constituidos en pareja. Con Kiev no voy a ser menos. Los presidentes empáticos y resilientes como yo, somos así.

Y ahora viene la superextrema derecha, los de Vox, y me ponen una moción de censura, pues yo voy y se lo agradezco. Después de esta *semana horribilis* que acabo de cruzar, ahora me viene la mar de bien sacar mi piquito de oro en el Congreso y enfrentarme a un viejo profesor, **Ramón Tamames**, que, según me dicen, algún día fue también marxista. Voy a darle algunas clases de Estructura Económica, que para eso yo también soy su colega académico, doctor en Economía. Y hablaremos como colegas porque, al fin y al cabo, eso es lo que somos.

Bueno, bien pensado y después de todo los de Vox no son tan malos como los pongo siempre cuando hablo de ellos en público. Ahora me van a dar un balón de oxígeno, que ya veré cuándo utilizo a mi propia conveniencia. Probablemente espere a que se aproxime la fecha del 28 de mayo y unas semanas antes les daré la oportunidad de que ninguneen a **Feijóo**, a que **Abascal** —pobrecito mío— recupere un poquito de imagen, que el pobre no levanta cabeza desde que se le fue **Macarena Olona**. ¡Hay que ver esa abogada del estado como se ha puesto! Ahora, que cuando me interese ya le recordaré yo de quién depende también la Abogacía del Estado. Un toquecito discreto y se me pone firme como se me puso la fiscal general o ahora la presidenta del Congreso o la del Senado. Si es que mando mucho. Pero mando bien, que eso me lo dicen mis cientos de asesores cada día: ¡Muy bien, presidente, muy bien!

Pero, volviendo a Kiev, uno se siente bien sabiéndose portador de unos cuantos Leopard y algún que otro armamento de ese que tenemos ahí, en los almacenes de nuestros cuarteles de Zaragoza, porque están ya un poco anticuados, porque tenían algún defectillo. Pero los hermanos ucranianos sabrán apreciar el gesto español, aunque ya estén acostumbrados a los bombardeos de **Putin**, a las sirenas que anuncian un próximo ataque aéreo, al desabastecimiento y a los misiles rusos, van a encontrar un motivo de alivio y de esperanza en que el presidente del gobierno español, el gran **Pedro Sánchez**, les visite nada más y nada menos que después de haberlo hecho **Joe Biden**. Está claro, primero vamos los de primera división y luego les vamos dejando un huequecito en las redes y en las primeras páginas de los diarios a **Meloni**, a **Macron** y hasta al presidente del *his Majesti's Governemet* (¡Oh, my God, qué bien hablo el British…!), **Rishi Sunak**, el nuevo, que hay que ir dándole alguna cancha porque, si no, luego no les deja a los súbditos británicos que vengan a dejarse las libras a Benidorm y a las Islas Canarias.

Y sí, ya sé que me han afeado muchos que haya aludido allí, en Kiev, a la Guerra Civil Española al recordarles a los periodistas ucranianos que los europeos estamos siendo muy solidarios con Ucrania, mucho más de lo que en 1936 lo fueron con la España republicana, esa que yo me estoy encargando ahora de reivindicar (¡chicos, hay que estar en todo porque, en cuanto me voy a influir en el exterior, mis ministros están siempre a por uvas…!).

Voy a ir preparando ya mi intervención con ese candidato de Vox. Voy a estar brillante. Voy a decirle a **Tamames** que, si quiere incorporarse a mi batallón de asesores seniors, está muy feo que me trate de ridiculizar, de mantener ante sus Señorías que mi gobierno ha sido manifiestamente mejorable. Si fuera así, ya lo habría mejorado yo, pero es que no es así, es que es imposible hacerlo mejor que yo. Feminista, populista, marxista, indigenista, constitucionalista, republicano y antimonárquico. ¿Hay quién dé más?

¡No sé, no sé…!

(04/03/2023)

El 28 de julio de 1588 caía derrotada ante Inglaterra la Gran Armada Española. Nuestros barcos no fueron capaces de arrollar a la flota inglesa porque las inclemencias meteorológicas se cebaron contra nuestros barcos. Fueron ellas y no la armada inglesa quien verdaderamente nos aplastó. Esa fue la circunstancia que hizo que **Felipe II** dijese aquello de que "yo no mandé a mis barcos a luchar contra los elementos". Ahora lo digo yo, **Pedro Sánchez**, presidente del gobierno español. Cuando derribé a **Rajoy** hace cuatro años todo iba viento en popa; ahora, al final de esta legislatura, con otro gallego adelantándome por la izquierda, **Alberto Núñez Feijóo**, todo lo contrario. Hemos cerrado febrero con el Euribor más alto de los últimos años; la luz más cara y el IPC que sigue subiendo; el llamado **Tito Berni**, nuestro exdiputado canario **Juan Bernardo Fuentes** (¡maldito canarión!) arrastrando a prostíbulos a empresarios corruptos y a 12 o 15 compañeros de filas socialistas incautos, ineptos, bobones en medio de una trama de estafa continuada; las excarcelaciones constantes por la Ley del 'Sólo sí es sí'; la que también se nos avecina con la Ley Trans; los informes de la comisión del parlamento europeo; todas las encuestas en contra —menos la de mi subordinado Tezanos, claro, que hasta ahí podíamos llegar…—. ¡Yo tampoco he venido aquí a luchar contra los elementos!

Mandé discretamente a Bruselas al ministro de la Presidencia, **Félix Bolaños**, a entrevistarse con los comisarios europeos **Věra Jourová** y **Didier Reynders** para intentar minimizar ese letal informe de los parlamentarios que nos han visitado recientemente, pero no estoy yo muy seguro de que **Bolaños** haya conseguido pararlos. Cuando uno entra en mala racha, nada se puede hacer, todo se le vuelve en contra.

Y ahora, encima, vamos de cabeza hacia dos fiestas cuyo

solo nombre me indigesta el café con churros que me he tomado esta mañana. Ya no habrá Día del Padre ni Día de la Madre, que estas ministrillas podemitas me la han liado otra vez con tanta utilización de esta jerga del neolenguaje que hasta a mí, hombre más frío que el más frío de los rincones del Polo Norte, se me ponen las mejillas sonrojadas cuando tengo que pronunciar eso del Día del Progenitor gestante y del Progenitor no gestante. ¡Vamos, que le digo eso a mi suegra o a mi padre y me mandan otra vez a la oposición! Lo malo es que, aunque no lo reconoceré nunca públicamente, me parece que me lo tengo bien merecido.

Y yo que quería volver a los valores esenciales patrios repartiendo clemencia por la puerta de atrás al que delinque por sedición, sobre todo si viene de Cataluña, y rebajando el delito de malversación para ver si así beneficiaba a mis compañeros andaluces de los Eres, como **Griñán** y compañía (a la gente se le olvidan pronto las cosas; de hecho, ya ni se acuerdan de que yo accedí a la Moncloa afeando precisamente delitos de ese tipo a las gentes del partido de **Mariano Rajoy**). No entiendo cómo aún no se han convencido todos de que no es lo mismo que un delito, sea el que sea, lo cometa alguien de la derecha que alguien progresista, nosotros lo hacemos sin querer. La derecha no, siempre lo hace con premeditación y alevosía. Eso les tengo dicho a mis muchachos de propaganda de Moncloa, pero parece que en los españoles esto no cala del todo. Lo que digo, más y más elementos en contra que, si siguen así, voy a tener que adelantar el semestre español en la presidencia de la Unión Europea —¡mi semestre!, ¡qué ilusión!, ¡voy a coleccionar los cientos y cientos de fotos para la historia! —. Ahí sí que me muevo yo con gallardía, con denuedo, con arte y gracia casi andaluces. Lo del IPC, el Euribor, la luz y el gas, las encuestas, las tramas corruptas del **Tito Berni** y todo eso no tiene importancia si tengo cada día un acto programado, con docenas de banderas detrás, con saludos a diestra y siniestra. Ahí me supero, así es que a ver si viene pronto el segundo semestre. ¡Ufff!, pero tenemos que saltar el 28 de mayo. ¡No sé, no sé…!

¡Ay, que se me marchan!

(07/03/2023)

Los grandes bufetes de abogados y especialistas fiscales españoles están haciendo su agosto estos días. Y todo por la marcha de la gran empresa de **Rafael del Pino**, la constructora Ferrovial, que traslada su domicilio fiscal a los Países Bajos. Ya sé que en la UE hay libertad de movimiento de capitales, de empresas y de personas. Pero esto no se le hace al presidente del gobierno de España. Es una lesa traición.

Aunque, como uno sabe sacar punta a todo, este movimiento me viene la mar de bien para que el pueblo desvíe la vista en lo que me ha hecho el torpe canarión que todo el mundo conoce ya por 'Tito Berni'. ¡Pues no va el tío y niega que estuvo allí, rodeado de chavalas de buen ver, jovencitas y liberales (mira que aquí sí que queda bien eso de liberales)! Para negar lo evidente hay que tener clase, y eso no está al alcance de cualquiera. Por la mañana vota contra la prostitución y por la noche se va de clubes de alterne.

Pero digo que los despachos están que hierven por las consultas de más empresas, directivos y capitalistas para seguir el ejemplo de **Del Pino** y acabar cambiando sus domicilios fiscales fuera de España. No entiendo cómo se puede ser tan ingrato con el gobierno de todos los españoles. Dicen que hay inseguridad jurídica y fiscal, que el impuesto a los ricos es abusivo, que legislamos para proteger a los delincuentes, que permitimos la ocupación de inmuebles privados, que no hacemos nada por cambiar esa situación, que los protegemos más a ellos que a los propietarios, que freímos a impuestos a las empresas (grandes, medianas y pequeñas), que otro tanto pasa también con los autónomos, que dejamos en la inseguridad más clara a cuerpos y fuerzas de seguridad del estado frente a los delincuentes, que no somos capaces de controlar la inflación, que tenemos la deuda exterior por las nubes, que trucamos las cifras de parados, que gobernamos con partidos que apoyan a **Putin**, que rebajamos las penas o excarcelamos a violadores, que la estamos liando y bien gorda con el tema de la Ley Trans, que eliminamos el delito de sedición a la carta para favorecer a los independentistas catalanes o que rebajamos a la mínima expresión el de malversación.

Ya he puesto a todos mis ministros a disparar —en sentido figurado, quede claro— contra el ingrato **Del Pino**. El más certero dardo, al menos el que más me ha gustado, me lo ha proporcionado **Yolanda Díaz**, con eso de que «Esto no es ser español». Se quejan estos megaempresarios (bueno, y los pequeños también), de que cambio mi opinión en función de mis intereses o necesidades, y que los traigo locos. Como dice el gran **Joaquín Sabina**, "como te digo una co, te digo la o", porque son ellos los que están consiguiendo que altere mi estabilidad emocional. Lo que no consiguió **Pablo Iglesias** conmigo, quitarme el sueño, lo van a conseguir estos empresarios del IBEX 35. Y total por nada. Porque, de vez en cuando, me caliento y les digo que no se quejen, que, si son los del puro, que son insaciables en sus beneficios. El que ha aprendido muy bien la lección ha sido el presidente de la CEOE, **Antonio Garamendi**, que esta vez ha sabido callar. Lo de filtrar su sueldo a un diario de tirada nacional le sentó como una patada en las partes pudendas, tras haber desairado a mi vicepresidenta segunda por imponer un nuevo aumento del salario mínimo.

Y es que, si le quieres hacer caso a mismo tiempo a empresarios, organismos económicos nacionales e internacionales, inversores, bancos y demás agentes económicos, nunca harías nada. Por eso, cifras como esas del último informe de la OCDE, relativo a la competitividad fiscal, estarías en una depresión constante. Para esta gente, España ocupa, de 38 naciones, el número 34 por la cola. Y por lo que se refiere al Impuesto de Sociedades, se encuentra entre los cinco peores países de la Unión Europea. Y las inversiones extranjeras también están cayendo. Voy a tener que extender mis tentáculos más allá de nuestras fronteras para que también por allí hagan estadística imaginativa y me maquillen los datos para salir mejor librados.

Si no, claro, luego van los empresarios y se me deslocalizan.

Ya ni siquiera los presidentes autonómicos de mi partido me quieren con ellos en las fotos. Huyen de mí. Dicen que no conviene al partido que se nos vea juntos para no mermar sus expectativas electorales. Ya verán estos ingratos en cuanto salgamos de todos estos comicios que tenemos por delante. También ellos piensan, como las derechas, que este presidente huele a muerto. Será a un muerto bien vivo, porque pienso darles batalla hasta el final. Hasta el rabo todo es toro —sé que mis amigos y amigas animalistas y animalistos sabrán perdonarme esta comparación—, y aquí nada puede afirmarse hasta que no terminemos con las elecciones. Yo sé que el pueblo llano no me va a abandonar. Y esto es lo que cuenta, no los grandes del IBEX, ni mis compañeros timoratos y desagradecidos, a los que en cuanto vea la oportunidad les daré su merecido.

Sueños

(10/03/2023)

Oigo una voz muy nítida. Es de un hombre ya entrado en años. Ha sido mi maestro indirecto durante muchos cursos. Los profes de la facultad no paraban de citar sus manuales, sus estudios, sus ensayos. Y va ahora y se me presenta como alternativa. No puedo creerlo. Pero sí, ya sé que el Prof. **Ramón Tamames** va a ser mi contrincante en la moción de censura que estos días me ha planteado Vox en el Congreso.

Voy a prestar atención a sus palabras porque a este viejo zorro no se le escapa nada. Y como ha sido marxista antes que liberal, tampoco puedo engañarlo con palabritas envolventes y populistas. "La imaginación de su gobierno alcanza su máxima expresión en ese extenso catálogo de subsidios y pequeñas ayudas económicas con cuya oferta no se pretende otra cosa que acabar con el modelo de economía productiva vigente hasta su llegada a la Moncloa, señor presidente, reciente —en su caso, y desde mi perspectiva de viejo profesor, también podría llamarle imberbe—, doctor en Economía. No sé en qué escuela distinta a la marxista habrá estudiado usted que este otro modelo de asistencialismo estatal va a acabar haciendo más feliz a la población. Claro que la libertad o la felicidad del ciudadano a su gobierno le importa un pito, es la sumisión lo que busca usted, **Señor Sánchez**, y quizás para eso sí que valga la dádiva sostenida y miserable de un gobierno que no se para en mientes a la hora de recolectar votos a cualquier precio".

¡Pero bueno! No es posible que salgan palabras tan lúcidas, tan hirientes, tan incisivas de un nonagenario. Yo pensaba que iba a ser tan fácil como convencer a los pensionistas con los que me junté el otro día para jugar a la petanca. Claro, estos no salían de su asombro por tenerme allí al lado, escuchándome con el mismo arrobo con el que me miran **Ursula von der Leyen, Yolanda Díaz** o **Meritxell Batet**. ¡Menos mal que la moción no tiene posibilidad alguna de triunfo! Pero voy a tener que aguantarle andanadas irrefutables a **Tamames**, que no tiene nada que perder, y voy a tener también que echar mano de mis dotes de cínico de academia griega clásica para poder zafarme de sus argumentos. Pero no las tengo todas conmigo de que vaya a salir indemne de esta lucha dialéctica con el viejo profesor.

Me parece que sigue lanzando misiles dialécticos contra mi propia persona. Nunca lo hubiera pensado de un colega "Y aún le digo más, señor presidente. Desde las mismas filas socialistas en el Congreso, el partido que usted lidera ha permitido que uno de sus diputados, **Juan Bernardo Fuentes**, 'Tito Berni', haya protagonizado un episodio lamentable que hace caer a este templo de la democracia que es el Congreso, en un estercolero infecto y vergonzoso. **'Tito Berni'** ha dejado en mantillas a *El padrino* de **Coppola**, al habérselas ingeniado presuntamente en conformar una red mafiosa de tráfico de influencias aderezadas con fiestas con prostitutas y drogas. Ya veo que este señor ha seguido fielmente su ejemplo, diciendo una cosa por la mañana y haciendo la contraria por las noches. La ciudadanía habla ya de "diputeros". Si le queda a usted algo de decencia, señor **Sánchez**, ya debiera haber dimitido".

¡Ufff, ¡Qué pesadilla! Menos mal que todo era un sueño. Pero lo he vivido con tal sensación de viveza y de verdad, que lo he pasado mucho peor que cuando **Santiago Abascal** se me pone intenso. A este me lo ventilo diciéndole que es el líder de la extrema derecha. ¿Pero qué le voy a decir a **Don Ramón**? Sabe cien veces más de doctrina económica en general, y marxista en particular, que yo. Imagino que, como a **Manuel Fraga**, le caben los Presupuestos Generales del Estado en la cabeza, y como empiece a subrayar las contradicciones entre lo que prometíamos en las elecciones y lo que hacemos de verdad, voy a tener que salir con la cabeza baja del hemiciclo. Tengo que prepararme a conciencia, esta no es una moción de censura al uso, y, por tanto, tengo que estudiar datos y razones como si fuera a disputar una maratón. Vamos, rápido, voy a dar un salto de la cama, meterme en la ducha y a hacer un hueco en mi apretada agenda internacional y propagandística para dedicar durante los dos próximos meses un par de horas diarias a anotar los cientos y cientos de logros de mi gobierno para dejar epatado a **Don Ramón**. No sé si seré capaz… Aunque, bien pensado, lo mismo le organizo un banquete en Moncloa, le cantamos el gobierno en pleno el *Gaudeamus Igitur*, le ordeno a la Conferencia de Rectores (¿de quién depende la CRUE, eh, de quién depende…?), que le otorguen unos cuantos doctorados honoris causa, y el corazón del **Prof. Tamames** lo mismo se apiada de un hombre con tan altas y complejas responsabilidades. Sí, ese es el camino.

Amistad de conveniencia

Para el gobierno es mejor olvidar cuanto antes el 8M de este año. **Irene montero** está tirando de estrategia y de la cuerda con mayor intensidad de la acostumbrada ("le han dado la mano al PP"), se trata de molestar cada vez más al presidente y a la parte socialista del gobierno para seguir despistando a la opinión pública sobre los verdaderos problemas del país. La mañana ya comenzó mal para la ministra cuando varias jóvenes se introdujeron en el acto oficial de Igualdad para boicotearlo con gritos de "**Irene** dimisión". Por su parte **Sánchez**, para evitar contratiempos de ese estilo, se llevó a Moncloa a unas cuantas directivas amigas de su mujer, **Begoña**, y así aprovechar para difundir un nuevo vídeo sirviéndoles café y pastitas, que siempre mola y queda como muy feminista, al tiempo que incide en la humanización de la figura del presidente.

Luego, en Madrid y en otras grandes capitales, vendrían las manifestaciones en la calle, que mostrarían de la forma más grosera que prever se pueda, la división profunda del feminismo patrio. Feminismo radical, por un lado, y feminismo crítico por otro, y este, además, pidiendo nuevamente la dimisión de **Montero** a voz en grito. Y las dos concentraciones, manifiestamente menos nutridas que las de años anteriores, como forma de subrayar por parte de la inmensa mayoría de las mujeres que todo ese circo de enfrentamientos interesados y partidistas no va con ellas.

Era la traducción a la calle del ambiente imposible que se está viviendo en las últimas semanas en el seno del gobierno de coalición como consecuencia de su profunda división para intentar arreglar de alguna manera y a través de una reforma la dichosa Ley del 'Sólo sí es sí', a la que se opone frontalmente la ministra de Igualdad, que sigue erre que erre en su idea de no tocarla ni en una coma, aunque los beneficiados directos por las reducciones de penas se vayan acercando paulatinamente al millar y los excarcelados al centenar. Hablamos de abusadores sexuales y violadores ya condenados, lo cual entra en directa contradicción con lo que se supone que iba a defender la ley estrella de **Montero**.

Menos mal que también salió al escenario feminista el PACMA con la declaración más estrambótica de la jornada al comparar a las mujeres con las vacas: "¡ni oprimidas ni opresoras!". Esta vez, al menos, ni **Montero** ni **Rodríguez Pam**, su segunda en el escalafón del ministerio de Igualdad, entraron al trapo y optaron por el silencio ante el eslogan del partido animalista. Que se sepa, tampoco el ministro de Agricultura, Pesca y Alimentación, **Luis Planas** ha dicho esta boca es mía. Ni el compañero de consumo, **Alberto Garzón** probablemente, en este último caso, porque la ocurrencia quizás sea de orden menor comparada con las que se gasta el líder de Izquierda Unida, que cada vez que abre la boca es para desestabilizar los mismos cimientos del sistema.

Y el común de los ciudadanos, entretanto, asiste entre abochornado y deprimido al duelo de las dos facciones gubernamentales que, a primera vista, se diría que anuncian el fin de la coalición. Aunque el pragmatismo de Moncloa mucho me temo que pronto va a enfriar tanto ese ambiente hostil como la esperanza de los biempensantes. No olvidemos que España presidirá el segundo semestre la unión europea y **Pedro Sánchez** lleva mucho tiempo soñando con ella, y engrosar con docenas de nuevos álbumes de fotos y colecciones de vídeos con su persona en el centro del meollo como para dejar pasar la oportunidad de protagonizarlos.

Claro que, de aquí en adelante y como contraprestación, el presidente del gobierno sabe que tendrá que tragar sapos cada vez más grandes. Ya se encargarán de ello los **Iglesias**, **Echenique**, **Otegi**, **Belarra** y **Montero** poniendo el grito en el cielo para hacer pagar al PSOE, su socio preferente de gobierno, por haber traicionado el espíritu de la coalición al votar con la derecha en el Congreso de los Diputados un día antes del 8M. ¡Lagarto, lagarto! no quieren contaminarse de gentes que pactan con **Feijóo** y con **Arrimadas** (el PNV, como apoya a menudo, ya es otra cosa).

Claro que, desde la parte socialista, aunque no se diga abiertamente, se piensa también que las posturas defendidas por Unidas Podemos no son precisamente un modelo de calidad democrática. Sobre todo, en lo referente al apoyo a **Putin**, a las repúblicas Bolivarianas de Latinoamérica y hasta a China y Corea del norte. Sin olvidarse de Irán o Siria, que allí, por lo visto, sí que hay limpieza democrática y feminismo islámico. Claro que ese feminismo es "cultural" y, aunque no puedan ir las mujeres sin pañuelo en la cabeza, siguen sosteniendo que se trata de un feminismo fetén.

Pero que los más ilusos del patio vayan olvidándose ya de rupturas, porque de eso nada monada, lo único que importa a las dos partes del gobierno es poder seguir en Moncloa hasta finales de año. Primero, por este país, que nos necesita, como debe de decirse **Sánchez**, y segundo, entre otras razones, porque sabe Dios cuándo podrán reeditar esa unión temporal de intereses para volver al palacete de la presidencia del gobierno de España. Si hacemos caso a las encuestas se van a tirar bastantes años en la travesía del desierto, y si no es así, tampoco será muy fácil que **Sánchez** vuelva a aguantar tantas y tan continuas vejaciones públicas de **Iglesias** y sus secuaces.

Imagino los más íntimos pensamientos del presidente: "ya puedo ir buscando un chiringuito internacional para poder seguir practicando *my beautiful english*, porque si no, me esperan mañanas y tardes gloriosas al lado de **Mariano Rajoy** en el Consejo de Estado. ¡eso sí que sería un periodo de verdadera mortificación cuaresmal!".

Harán un poco de ruido, sobre todo por escenificar sus diferencias del 8M, y luego rápidamente a plegar velas, cambiar el tono y volver a sus puestos de partida y así poder seguir hablando de la extraordinaria salud de la coalición, de pelillos a la mar, de que "sólo nosotros somos capaces de generar un acuerdo *in extremis,* porque somos así de demócratas, de feministas, de ecologistas, de posmarxistas y de guais. Damos tanto ejemplo al pueblo de cómo deben de limarse asperezas, de có-

mo negociar hasta el último minuto, que será imposible que nos
dé la espalda el 28 de mayo. Y menos aun cuando se convo-
quen las generales. Lo que no puede ser, no puede ser, y además es imposible".

Ellas

(18/03/2023)

Vuelve a ser mi persona, **Pedro**, quien habla. Pasó ya, y afortunadamente, el 8M, y a estas chicas radicales y feministas que tengo en el gobierno como cuota podemita obligada, no se les van los humos sino todo lo contrario. Quieren ser más feministas que yo mismo, y eso, además de imposible, me duele. Ahora les he hecho la jugada de hacerles creer que vamos a imponer la presencia de la mujer en organismos —incluido el consejo de ministros—, consejos de administración, colegios profesionales, listas electorales o jurados. No les digo que la norma ya venía impuesta desde la UE y así me apunto un nuevo triunfo frente a ellas.

Ya sé que **Ana Patricia Botín** y otras empresarias o directivas del IBEX no me tragan porque ellas han llegado hasta allí solitas, sin ningún empujón de mi persona feminista y quijotesca que lo mismo desface entuertos, que consuela a viudas o aleja malhechores de su entorno (¡Ufff!, mejor esto me lo callo porque suena mucho a la picia del 'Sólo sí es sí' para que sigan echándole la culpa exclusiva a **Irene Montero** y no al Consejo de Ministros en pleno que fue quién la llevó al Congreso y, además, luego la votó también). Pero ¡y lo bien que queda que a uno le atribuyan la iniciativa de promulgar en España la Ley de Paridad! Es como si en mi persona se fundieran héroes populares de la talla de *Don Quijote*, *Supermán*, el *capitán Trueno* y el ***Guerrero del antifaz*** al mismo tiempo. Si **Montero** no es capaz, sino todo lo contrario, de reunir en un solo grupo a todas las mujeres en fechas tan señaladas como el 8M, ya me encargaré yo de hacerlo en años venideros.

Ya sé que no casa muy bien esto de la paridad con los conceptos de capacidad, experiencia y mérito, que las mujeres tienen en igual o mayor nivel que sus pares masculinos. A ver cómo justifico yo que, en un Instituto de Biología Molecular, por ejemplo, se tenga que imponer a la fuerza que se incluyan compañeras investigadoras que lo mismo no han oído hablar en su vida de lo que es una molécula. Pero bueno, no demos pistas a la derechona cobarde que lo mismo empiezan a montármela ya en el Congreso o en el Senado. Y digo bien, en la Carrera de San Jerónimo o en la Plaza de la Marina Española, porque en la calle no se atreven desde que **Fraga** dejó el ministerio del Interior. Hoy la calle es mía, bueno y de **Pablo** (**Iglesias**), que de eso de agitar a las masas también sabe un poco.

A mí, con que me llegue el "efecto paridad" hasta finales de mayo, fecha de celebración de las autonómicas y las locales, me basta. Poder lanzar por aquí y por allí, en plazas, cines, polideportivos y centros culturales esto de que la incorporación de la mujer al trabajo se debe si no en exclusiva sí fundamentalmente a mis políticas, mola mucho. Y seguro que la mayor parte de los públicos mitineros desconocen que a principios de los 90 las mujeres incorporadas al mercado de trabajo en España eran unos cuatro millones, mientras que hoy son más de nueve millones. Y, claro, esa diferencia no puedo atribuírmela exclusivamente. O que la tasa de actividad femenina, que era de un 25% también a principios de los 90, supera ahora el 53%.

Sé que luego el PP, Vox, incluso Ciudadanos, presentarán ante el TC algún recurso de inconstitucionalidad porque mi ley infringe algún principio marcado en la Constitución del 78 (¡eso me recuerda que tengo que abolirla cuanto antes!), pero se olvidan de que allí tengo a **Cándido Conde Pumpido**, ese juez al que no le importaba mancharse la toga con el polvo del camino cuando era Fiscal General del Estado, y que seguro que sabrá defender los principios del presidente que ha propiciado cumplir con sus sueños de llegar hasta la más alta instancia jurisdiccional de la nación.

Con el carajal de leyes que estamos montando, no sé si mi adversario **Alberto** (**Núñez Feijóo**), será capaz, si llega a sucederme en la Moncloa, como auguran las encuestas de estas fechas, de desmontar en poco tiempo todo este complejo legislativo que hemos ido levantando (Ley Celáa, abolición del delito de sedición, rebaja en el de malversación de fondos públicos,

Ley de limitación del precio de los alquileres, Ley de la eutanasia, nueva Ley del aborto, Ley del 'Sólo sí es sí', Trans, Universidades o Paridad, por citar sólo las últimas leyes aprobadas).

Y ahora vamos a dejarnos de alaracas y victorias y vamos a ver si nos ocupamos con mi legión de asesores, a ver qué estrategia aplicamos a esos chicos de *The objetive.com,* que andan últimamente dedicándose a leer mi tesis doctoral para descubrir una vez más mis contradicciones. Ahora van y titulan que "Sánchez presumió en su tesis doctoral de las ventajas fiscales que **Zapatero** dio al IBEX 35", para añadir más adelante que "postuló en 2012 la cultura de la internacionalización empresarial, de la que dijo que era una apuesta estratégica". Mis palabras y actitudes contra **Del Pino** y Ferrovial veo que me van a costar caras. Por lo menos de puertas adentro, que hay que ver cómo se me ha puesto también la CEOE. Pero en Bruselas, que es lo que cuenta, no me van ni a piar. Los tengo a todos controladitos. Y ahora que voy a ocupar la presidencia de la UE, a partir de julio, más aún.

Vamos a dejarlo por ahora y empleémonos en tirar unos cuantos triples a la canasta de Moncloa para seguir manteniendo eso de *mens sana in corpore sano.* A esto no me gana ni **Zapatero.**

Los nuestros

(23/03/2023)

Si estás entre la militancia de un partido, no digas nunca que no. Si lo haces, ya sabes, lo mismo no vuelve a pasar el tren por tu estación. Hay ejemplos diarios de que lo que digo va a misa. Sin ir más lejos —¡nunca mejor dicho porque hablamos de transportes! —, mira lo que le ha pasado a **Isaías Táboas**, militante del PSOE y, posiblemente, amigo personal de su secretario general y presidente del gobierno. Fue cesado como expresidente de RENFE junto con la expresidenta de Adif tras la chusca polémica carpetovetónica de los trenes que no cabían por los túneles.

Pues bien, a pesar de ello, el señor **Táboas** se mantiene aún como consejero de las tres filiales clave del grupo: Renfe Fabricación y Mantenimiento, Renfe Mercancías y Renfe Viajeros. O sea, que lo cesamos, pero sólo un poquito, y así le mantenemos unos pingües ingresos de los tres consejos de administración de las otras empresas públicas porque, si no, el pobre va a tener que apuntarse a la lista del paro y, al fin y al cabo, ya paga con el cargo más importante de los que tenía.

No me imagino a un directivo de una empresa privada que, cometiendo un error u omisión de tal calado, se le mantuviese en cargo alguno del grupo de empresas en donde prestase sus servicios y, probablemente, tendría que acudir a hacer uso de la reciente Ley Trans para cambiar de identidad y así conservar alguna posibilidad de encontrar un nuevo trabajo en otro sector.

Aunque de orden aparentemente menor que el caso de **Isaías Táboas**, en la alcaldía de Móstoles (Madrid), andan también un tanto agitados tras conocer el procesamiento dictado por la Audiencia Provincial de Madrid de su polémica y aprovechada alcaldesa socialista **Noelia Posse**, y otros siete ediles de su equipo de gobierno por el *caso ITV*, nombre por el que se investiga al Ayuntamiento de la localidad. Y todo esto a poco más de dos meses para que se celebren las elecciones municipales y autonómicas. La pregunta del millón: ¿forzará Ferraz la destitución de **Noelia Posse** como candidata por Móstoles? Todo es posible porque la alcaldesa de esa gran ciudad dormitorio de la capital ha dado ya muestras más que suficientes del autoritarismo con el que gobierna y, sin embargo, su amistad con **Pedro Sánchez** la ha hecho invulnerable hasta la fecha.

Otra pregunta insidiosa, esta sobre el ya exdiputado del PSOE **Juan Bernardo Fuentes Curbelo (Tito Berni)**, expulsado del PSOE y forzado a entregar su acta de diputado cuando todavía no pesaba sobre él ni una investigación o imputación de la justicia. ¿Acaso en el partido se sabían más cosas de las que se han ido haciendo públicas sobre la figura del diputado de día y *diputero* de noche y en pandemia? Es de suponer que, al menos, el PSOE canario sabría ya que **Tito Berni** estuvo imputado en 2009 por usar facturas falsas para cobrar subvenciones en Fuerteventura. Pero, como es de 'los nuestros', hay que presumir que el angelito no volvería a delinquir.

Por el contrario, y por mucho que diga la fiscalía europea, y aunque haya archivado recientemente el 'caso mascarillas' del hermano de **Ayuso** porque, según su dictamen, «no concurren indicios suficientes» para atribuir a **Tomás Días Ayuso** «la comisión de un delito». A pesar de todo, digo, la izquierda radical, que asaeteó durante meses a la presidenta de la Comunidad de Madrid con increpaciones e insultos personales, incluso con la petición reiterada de su dimisión, ¿alguien cree posible que medie alguna disculpa por parte de algún miembro de la izquierda radical después de haberse cebado hasta el extremo con los hermanos **Ayuso**?

Un último y, si se quiere, casi anecdótico ejemplo, pero muy revelador del doble juego que algunos aplican. **Mónica García**, la líder de Más Madrid pedía el miércoles de la semana pasada, a través de Twitter, la dimisión del vicepresidente de la Comunidad de Madrid, **Enrique Ossorio**, por ser beneficiario del 'Bono Social Térmico', una ayuda anual de casi 200€ de pago único que el Gobierno central concede, entre otras personas, a quienes pertenecen a una familia numerosa, como es el caso de **Ossorio**. **García** escribía en Twitter, exigiendo la «dimisión o el cese inmediato» de **Ossorio**. Horas después, los medios hacían público que el marido de **Mónica García, Enrique Montañés**, es también beneficiario junto a la líder de Más Madrid del mismo 'Bono Social Térmico' y por idénticas razones a las del vicepresidente regional de Madrid, es decir, por su condición de formar parte de familia numerosa.

Mónica García optó entonces por pedir perdón públicamente, aunque con la boca pequeña, a través de una emisora amiga y no por presentar su dimisión, como exigía horas antes a **Enrique Ossorio**. Es obvio que ni uno ni otra vulneraban la ley porque ese beneficio que proviene del gobierno está dirigido a todas las familias numerosas, independientemente del nivel de ingresos que tengan, pero es muy reveladora esa actitud de exigir al de enfrente lo que, por idénticas causas, ella no está dispuesta a aplicarse. Vuelve a demostrarse que la izquierda se siente con una superioridad moral que le permite hacer lo que quiere, cuando quiere y como quiere.

La política española se ha convertido en un ejercicio cruel en el que sólo importa el acoso y derribo del adversario —considerado muchas veces más como el *enemigo*—, que la búsqueda del bien común o de la verdad. El 'Fair Play' es cosa ya de otros tiempos. La dignidad, el honor y la coherencia son valores de otra época. O recuperamos ciertos principios éticos comunes o estamos perdidos ya sin remedio.

El tostonazo

La moción de censura que Vox presentó la pasada semana contra el presidente del gobierno ha demostrado, al menos, dos cosas. Una, su inoportunidad, otra, que un anciano casi nonagenario, el profesor **Ramón Tamames**, ha sido capaz de dar sopas con honda no sólo a **Pedro Sánchez** sino también, y al mismo tiempo, a su vicepresidenta segunda **Yolanda Díaz**, la nueva valida del rey del autobombo, la propaganda y la falta absoluta de autocrítica.

Presupongo que ambos representantes del gobierno censurado quisieron intentar aburrir al candidato **Tamames** con sus intervenciones a lo **Fidel Castro**, a base de discursos más largos que un día sin pan y más vacuos y melifluos que un postre de cocinero posmoderno. Una hora y cuarenta, el señor **Sánchez** y poco menos el de su cursi vicepresidenta, enfundada en un terno blanco más propio de la pasarela Cibeles que de un pleno en el Congreso con moción de censura de fondo. Y esto siendo bien pensado porque, probablemente, lo que de verdad buscaban uno y otra era derrotar al candidato nonagenario por lo que en boxeo se llama 'nocaut técnico', que aquí podría traducirse por lipotimia o extenuación física del candidato, dada ya su provecta edad. Con lo que no contaban ni **Sánchez**, ni **Díaz**, ni su cohorte de asesores, es con que esta gente de la Transición está hecha de otra pasta, resiste lo que se le ponga por delante, no es nada remilgada y sabe cantar las cuarenta porque lleva ya más tutes en su haber que todo el gobierno en pleno.

Tamames, que, a estas alturas de su vida, supongo que jamás había pensado que iba a encontrarse en una situación como esa, no tuvo reparo alguno en asestarle en su propia cara a **Sánchez**, lo que buena parte de los españoles pensamos sobre el personaje, que el presidente malgasta el tiempo hablando para, al final, no decir nada. Y para recomendar a renglón seguido a éste y a **Meritxell Batet**, la presidenta de la Cámara, que no estaría demás hacer cuanto antes una reforma del reglamento del Congreso para evitar tostones similares en el futuro

No sé si **Tamames** habrá quedado contento con su intervención y sus réplicas, el gobierno seguro que sí, porque como todo lo que hace piensa que está bien y no admite ningún pero de nadie, esta vez no va a ser menos; **Abascal** y sus más próximos en Vox estarán asimismo la mar de satisfechos por haber salido de su ostracismo tras el inesperado abandono del partido de **Macarena Olona**. En Unidas Podemos la moción los dejó mucho más enfadados de lo que la empezaron. El ticket en blanco que **Sánchez** dio a **Yolanda Díaz** debió sentar como una dosis de estricnina al macho alfa de la coalición comunista, **Pablo Iglesias** que —seguro estoy de ello—, a estas alturas de la peli debe de estar pensando ya en volver a coger las riendas de la coalición. Y, por último, el Partido Popular en pleno, con **Alberto Núñez Feijóo** y **Cuca Gamarra** por delante, ya deben respirar tranquilos porque, al menos, el mal trago ya ha pasado y ahora todo el mundo a centrarse en la campaña electoral que es lo que toca ahora.

Y de lo que estoy absolutamente seguro que ha sucedido es que el común de los ciudadanos, como mucho, se habrá parado unos minutos a escuchar algún resume en el informativo de turno o en el digital preferido, para que alguien le cuente en qué ha quedado todo este circo que los políticos han vuelto a montar en el Congreso para seguir mirándose al ombligo y no afrontar de una vez, de frente y por derecho, los mil y un problemas del común de los mortales, que siguen teniendo. Todo que ver con la cesta de la compra, con las dificultades cada vez más crecientes para llegar a fin de mes, con la hipoteca que ya no hay quién le pueda hacer frente, con los beneficiados de la Ley del 'Sólo sí es sí' o con la corrupción que no cesa —como el rayo de **Miguel Hernández**—, y con la funesta manía de tirar balones fuera que asedia a todo político que se precie, como es el caso del portavoz del Grupo Socialista en el Congreso,

Patxi López, que daba ya por concluido hace sólo unos días todo lo que tenga que ver con el 'Caso Berni'. Y, mire usted por donde, apenas concluida la votación de la moción de censura, va la directora general de la Guardia Civil, **María Gámez**, y presenta su dimisión al frente del Instituto Armado en plena polémica por el caso 'Cuarteles' y 'Tito Berni'. Claro que, al final, este será un caso de corrupción, o de malversación, o de desvío de fondos, que ya veremos qué bien se las componen para que entre de lleno en esta última jugadita gubernamental de despenalización de casos similares, y pelillos a la mar, cuando el afectado —afectada en este caso— no se haya dejado ni un billete en los bolsillos de su chaqueta y haya tenido la precaución de meterlos en los de su marido, pongamos por caso. Que aquí el que no corre, vuela.

Trans o no trans, he ahí la cuestión

(28/03/2023)

Es el primer caso que se produce en la Comunidad de Madrid desde la aprobación de la Ley Trans del gobierno **Sánchez**, pero no va a ser el último ni, probablemente, el más confuso. Y, además, sucederá lo mismo en el resto de España. Aquí como se trata de ver quién llega el primero, se saca la ley adelante (y hasta con el visto bueno del Tribunal Constitucional recién renovado y superprogresista), y luego ya veremos. Claro, que podemos volver a encontrarnos con algún otro tipo de aberración legal supina del tipo de los violadores y abusadores convictos y confesos que siguen viendo reducidas sus penas, e incluso, alcanzan la excarcelación por una norma, la Ley del 'Sólo sí es sí', que proviene de la misma 'factoría' legal, la del Ministerio de Igualdad de **Irene Montero**. En otras palabras, que ya podemos ir echándonos a temblar.

Pero bueno, no hay que dar por supuesto que todo el mundo está al tanto de todo, así es que voy a enunciar mínimamente los antecedentes del caso al que me refiero. Se trata de un candidato a formar parte de la policía local en el ayuntamiento madrileño de Torrelodones que, a la hora de examinarse de las pruebas físicas, alegó ser una mujer. Se trataba de un trans que aspira a obtener una de las plazas ofertadas. Al parecer, y aunque vestía de rosa, a la hora de cambiarse para realizar las pruebas físicas, no lo hizo en el vestuario de mujeres.

El candidato firmó en enero pasado su examen teórico con su DNI, correspondiente a su nombre de nacimiento (masculino, claro está). Pero en marzo, la semana pasada, cuando realizó las pruebas físicas, al enfrentarse a la única en la que se utiliza un material distinto para hombres y para mujeres, el lanzamiento del balón medicinal, surgió la sorpresa. Las mujeres deben lanzar un peso de tres kilogramos. Los hombres, sin embargo, deben hacer frente a un balón de cinco kg, y el candidato pretendía inicialmente, lanzar sólo el de menor peso, aunque los responsables del examen lo obligaron a hacerlo con los dos, a la espera de ver la forma de salir airosos del problema sobrevenido.

Los responsables del ayuntamiento torrelodonense se dirigieron a la consejería correspondiente del gobierno de la Comunidad de Madrid con la esperanza de que desde allí se dieran instrucciones al respecto, aunque al final este organismo ha elevado la duda al mismo Ministerio de Igualdad, origen de este y de seguros futuros requiebros y retorcimientos de la Ley Trans con estas o parecidas intenciones.

Yo, que no soy letrado y mucho menos juez o funcionario del ministerio de **Montero**, voy a hacer aquí de abogado del diablo, especialidad que —afortunadamente—, no exige titulación alguna para ejercerla y poner negro sobre blanco las posibles contradicciones de todo un ministerio. Vamos a suponer que este aspirante trans obtiene una de esas plazas porque se le reconoce la condición de mujer, tal y como establece la Ley recién aprobada. ¿Qué sucedería si dentro de unos meses, este ciudadano de ayer, y ciudadana de hoy, decide nuevamente volver al género masculino?, ¿se daría por ilegal la forma de haber accedido a esa plaza de policía municipal? Me doy sólo una ligera idea de las situaciones —naturales o forzadas, de buena fe o persiguiendo intereses espurios, me da igual—, que se van a ir produciendo en meses sucesivos (aseos, cárceles, deporte…). En uno y otro caso volveremos a constatar que no estamos en las mejores manos posibles sino en las de políticos y políticas soberbios que, con tal de no dar su brazo a torcer, van a seguir manteniendo una norma legal poco clara y, de nuevo, de imprevisibles consecuencias.

Conociendo la clara trayectoria de **Irene Montero** y todo su grupo de mariachis ministeriales, raro será que quieran abordar como propios este y futuros problemas de interpretación o de espíritu de la ley de marras, y tendrán otra vez que ser los tribunales quienes indiquen a los políticos que, si quieren hacer bien las cosas y evitar en lo posible el retorcimiento de la ley con fines no siempre legítimos, habrían de revisarla y rehacerla.

Pero —¡ah, amigo! —, con la iglesia feminista hemos topado, amigo **Sancho**…

Lo mismo habría que haber puesto un plazo de uno, dos o más años para que a alguien se le dé por concluido su proceso de 'transformación de género' y sólo a partir de ahí pudiera presentarse a oposiciones, o a competir en pruebas deportivas, pongamos por caso, antes de permitirles que puedan participar en pruebas de uno u otro tipo con su nuevo género. O quizás, y aún voy más lejos, lo mejor sería establecer puestos o competiciones deportivas de todo tipo, para tantos géneros como lleguen a establecer los ministerios de Igualdad y de Derechos Sociales y Agenda 2030 que, al paso que vamos, no me extrañaría nada que acabaran siendo dos o tres decenas. Así que cada uno compita con los suyos y así no hay agravios comparativos.

Espero que los más cafeteros —militantes políticos o asesores gubernamentales a los que les va mucho en ello—, no acaben concluyendo que no hago más que poner palos en el carro de cualquier iniciativa que surja del gobierno **Sánchez**. En todo caso, no soy el único porque dentro del propio ejecutivo acaban siendo los de una u otra facción quienes se encargan también de poner de relieve esas y muchas otras contradicciones de cada engendro que sale fundamentalmente de esos dos ministerios en donde recae lo fundamental de este oscuro experimento sociológico que hemos dado en llamar 'ingeniería social'. Lo peor es que, al final, lo hacen después de haber llevado al parlamento esas iniciativas también con sus votos. Eso se llama jugar a dos barajas. Lo único que está claro de todo esto es que, si al final no nos vuelven a todos locos, poco faltará.

Ausencia de Montero

(01/04/2023)

Sánchez ha limitado los cambios en su gobierno a los dos únicos ministerios que dejaban libres las candidatas municipales a las que él mismo ha obligado a saltar a la arena política vecinal, **Carolina Darias** y **Reyes Maroto**. Y para sustituirlas, siguiendo así la tradición personal de decir una cosa, pensar otra y poner en práctica una tercera (lo digo, obviamente, por la Ley de Paridad), ha buscado a dos hombres del partido para sustituirlas, el canario **Héctor Gómez** en Industria y Turismo, y el gallego **José Manuel Miñones**, en Sanidad.

Pero las miradas de todos los medios, incluso las de buena parte de la ciudadanía, estaban puestas en la figura de **Irene Montero**. Ni siquiera la crisis que ha desatado la entrada en vigor de la Ley del 'Sólo sí es sí' hace ya casi medio año, y las terribles consecuencias que ha traído consigo —rebajas de penas y excarcelaciones a condenados por delitos sexuales—, ha sido razón suficiente para que el presidente del gobierno haya podido prescindir de sus 'servicios'.

A mí, sin embargo, no me extraña absolutamente nada porque la misma permanencia del señor **Sánchez** en Moncloa depende de esa cuota podemita en el seno del consejo de ministros. De hecho, el único que ha salido del gobierno desde su constitución fue el de Universidades, **Manuel Castells**, y lo hizo por razones de salud y por voluntad propia. Y, de acuerdo con ese documento firmado por las partes, fue sustituido también por otro representante de los Comunes, **Joan Subirats**, el nombre que impuso su líder, **Ada Colau**. En otras palabras, que nadie mejor que **Sánchez** sabe hasta qué punto depende de esa minoría de la coalición encuadrada bajo las siglas de Unidas Podemos y mientras esta circunstancia siga siendo la misma, **Irene Montero** permanecerá al frente del ministerio de Igualdad, ese nuevo púlpito desde el que día sí, día también, se siguen lanzando consignas orientadas a hacer creer a la ciudadanía que hay que sustituir las Matemáticas, la Lengua y la Filosofía en los planes de educación por otra asignatura troncal de infinita mayor importancia, la Sexualidad. ¡Eso sí, sin fines reproductivos porque entonces lo único que hacemos es eternizar el patriarcado!

A menos de un año vista de la celebración de elecciones generales había que poner a dos hombres de partido y sanchistas. Bastantes frentes tiene **Sánchez** para intentar consolidar esa "década de gobiernos progresistas" que ha acuñado su vicepresidenta 2ª y ministra de Trabajo, **Yolanda Díaz**, que es su doble apuesta personal para intentar remontar las encuestas. Hoy por hoy pretende que sea **Díaz** y su proyecto Sumar la que atraiga a más simpatizantes de extrema izquierda frente a Unidas Podemos, por un lado, y que sobrepase en votos al mismo Vox para debilitar una posible —incluso segura— alianza de la derecha si el PP no obtiene el número suficiente de escaños para poder gobernar en solitario y sin el apoyo de Vox.

Claro que ahí está **Pablo Iglesias** construyendo su cadena televisiva con el apoyo de **Roures**, que no creo que esté por la labor de seguir manejando desde atrás la política de la coalición que se formó en torno a su figura política, la única capaz de hacer que Bildu y ERC y los Comunes quieran seguir apoyando un gobierno que siga dando el "sí, bwana" a cuantas pretensiones independentistas sigan poniendo encima de la mesa. Porque quien crea que el partido vasco se va a contentar con el traslado de los presos etarras a la zona de influencia del gobierno vasco, ya con la transferencia de prisiones en su haber, se equivoca. La verdadera pretensión de **Otegi** es la de excarcelar a sus compañeros etarras de lucha de tantos años y hasta que no lo consiga no parará. Y si para eso tienen que seguir apoyando unos cuantos años más la aprobación sucesiva de los nuevos Presupuestos Generales del Estado, se apoyan. Son sólo un medio para conseguir liberar a los presos de ETA. Por lo pronto, y ante este gobierno, ya han anulado completamente a las diversas asociaciones de víctimas del terrorismo, que ni siquiera son atendidas por el ministro **Marlaska**.

Pedro Sánchez tiene que seguir dando muestras de su capacidad de resistencia a la que ya nos tiene tan acostumbrados. Incluso apoyándose en las figuras de dos ministros, no ya quemados, sino carbonizados, pero que a él le vienen muy bien para que sigan siendo blanco de las iras de la derecha y de esa parte de la ciudadanía que no se siente representada por ellos. Me refiero justamente a **Irene Montero** y a **Gande-Marlaska**. Ni una ni otro son útiles hoy a un presidente empeñado exclusivamente en mantenerse en Moncloa y obviando la inmensa montaña de problemas que están lastrando el futuro de nuestro país y que no hace falta que vuelva a recordarlos porque están en la mente de todos.

Marlaska: otra de fuegos artificiales

(04/04/2023)

Hay que reconocer a este gobierno que imaginación no le falta. Está siempre ojo avizor para rescatar algún asunto morboso que atraiga la atención ciudadana para que así ésta pierda de vista lo que de verdad importa. Esta última semana, sin ir más lejos, la maternidad subrogada de **Ana Obregón**. ¿Pero no habíamos quedado en que la mujer, y sólo la mujer manda en su cuerpo? Quizás debieran haber completado la frase diciendo que, para abortar, no para ser madre subrogada. Polémicas al margen sobre la moralidad o eticidad de ambas opciones, vaya el respeto a las decisiones personales de cada cual.

Pero no nos dejemos embaucar por estos gobernantes populistas que huyen hasta en el Parlamento para contestar directo y por derecho a las preguntas de la oposición, dirigidas siempre a la diana del órgano que más duele. En el caso del ministro del Interior, **Fernando Grande-Marlaska** relacionadas con los tres frentes que ya habrían hecho dimitir a cualquier ministro de nuestro entorno europeo con un mínimo de decencia política en su haber: **Pérez de los Cobos**, **María Gámez** y el 'caso Cuarteles'.

No ha sido precisamente la pasada semana la más feliz de **Marlaska** al frente de su ministerio. El revés jurídico que le asestó el Tribunal Supremo en el que se anuló el cese de **Diego Pérez de los Cobos** como jefe de la Comandancia de la Guardia Civil en Madrid, casi tres años después de su destitución, por no estar ajustado a derecho, puso la guinda a la que, posiblemente, ha sido la peor gestión de un ministro de Interior en los más de 45 años de democracia.

La sentencia se sumaba a la dimisión de **María Gámez**, hasta entonces directora general de la Guardia Civil por la imputación de su marido en el caso ERE, y que fue retrasada unos días por el propio ministerio para no hacerla coincidir con la moción de censura de Vox y **Tamames** en el Parlamento. Y, además, y aunque todo el gobierno ha hecho un esfuerzo coordinado para minimizar la importancia del 'caso Cuarteles', está claro que la implicación en el mismo de altos cargos de la Benemérita toca de lleno al ministro **Marlaska** por no haber sabido o no haber podido poner los medios necesarios para que el dinero destinado a mejorar el estado de distintos acuartelamientos se haya ido esfumando en cuestiones de muy distinto calado. En concreto, se han apreciado irregularidades en licitaciones de obras de mantenimiento en 13 cuarteles del Instituto Armado. Estas y otras meteduras de pata del ministro han hecho que varias asociaciones de guardias civiles reclamen la dimisión del ministro.

Con todo, a un juez como es **Grande-Marlaska**, lo que más daño le ha debido hacer es que sea el propio Tribunal Supremo quién haya tenido que poner los puntos sobre las íes sobre aquella decisión del mismo ministro para destituir al coronel **Pérez de los Cobos**, después de que este se negara a informarle sobre la investigación abierta por la titular del Juzgado de Instrucción número 51 de Madrid en torno a la celebración del 8M de 2020, como posible foco de propagación de la pandemia del coronavirus. Y la sentencia del TS le ha molestado especialmente al gobierno porque descubre lo que, por otra parte, no se le escapaba a ningún observador avispado, que la decisión de Interior tenía más de arbitraria que de fundamentada. Y, lo que aún es muchísimo más importante, le ha recordado al señor ministro que todos estamos sujetos a la ley, incluso los miembros del gobierno. Algo que **Grande-Marlaska** sabe muy bien y desde hace mucho tiempo, pero que le convenía olvidar, al menos momentáneamente, para satisfacer las pretensiones de eludir cualquier tipo de responsabilidad en la difusión de la pandemia contraída por su jefe, el presidente del gobierno.

La vie en rose de Yolanda

(09/04/2023)

Escribo esto en plena Semana Santa así es que no tengo más remedio que confesar mis pecados, incluso y sobre todo políticos. Un día no llegué a amar a **Yolanda Díaz**, pero me la creí, que aún es mucho peor. Su dulzura, su languidez, su cercanía, me hicieron pensar que era de las pocas ministras que se creía su propio discurso, aunque este fuera radicalmente opuesto —al menos distinto—, del que proclamaba en su etapa casi, casi juvenil, aquella en la que no le dolían prendas en proclamar su admiración por **Hugo Chaves**, el inspirador y prócer de **Nicolás Maduro**, que es tanto como echarse encima a mucho más de la mitad de la población venezolana, gran parte de la cual hoy tenemos la suerte de que esté entre nosotros, los españoles.

Pero a **Yolanda Díaz**, después de ese pequeño baño de masas del domingo de Ramos en el Polideportivo Magariños (que no es, precisamente el Palacio de los Deportes, Las Ventas o Vistalegre), ya no le basta con ser vicepresidenta 3ª de un gobierno progresista, sino que aspira a ser la primera presidenta de ese mismo gobierno en España. No digo yo que lo tenga fácil, pero en este país y en los tiempos que corren, nada desdeño como posible. Menos aún eran los que creyeron que **Pedro Sánchez** desbancara a **Mariano Rajoy** y, mira por dónde, lo tenemos ya cinco años como presidente del gobierno de España y protagonizando uno de los mayores tsunamis políticos del último siglo junto al de la Transición que, a mi juicio y al menos por el momento, sigue yendo varias cabezas por delante del sanchismo.

Para el objetivo político de la rubia comunista gallega no bastan los apoyos de Más País, Más Madrid, Izquierda Unida, el Partido Comunista, o de líderes políticos y mediáticos como **Mónica García, Ada Colau, Joan Ribó** o **Jorge Javier Váz-**

quez. Lo quiera o no, le guste poco o nada, ese objetivo es literalmente imposible sin el apoyo de sus hasta ahora amigos de cama (política, se entiende), las chicas, chicos y chiques de Unidas Podemos. Aunque el blanco inmaculado de la lideresa y el rosa de Sumar, la nueva marca aglutinadora de esa nueva sensibilidad política reunida en torno a la 'musa roja', pretendan gobernar a solas con **Sánchez**, mucho me temo que a algún tipo de entendimiento habrán de llegar con **Iglesias**, **Montero**, **Belarra** y compañía (pienso en ERC, Bildu y algunos otros partidos nacionalistas más) si lo que buscan es no abandonar la moqueta, el BOE, los coches oficiales y los palacios y palacetes.

Y, además, tendrán que vencer y convencer no solo en las urnas y en el parlamento, sino también ganarse día a día después la simpatía y el calor de la calle, un espacio que, una vez que alcanzaron el poder, se le resiste tanto a **Pedro Sánchez**, que prefiere sobrevolarla en Falcon o en Puma, como a **Pablo Iglesias**, mucho más cómodo refugiándose delante de las cámaras de su propio canal televisivo o ante los micrófonos de la Cadena SER.

Podemos cree —y yo también—, que es **Sánchez** quien está utilizando a **Yolanda Díaz** para deshacerse de ellos, aun creando frentes casi irreconciliables. Que es **Sánchez** quién está propiciando ese ascenso aparentemente irrefrenable de **Yolanda Díaz** como nuevo producto político capaz de ofrecer a los españoles eso tan etéreo como es el *flower power,* la felicidad, la ilusión, lo utópico. Vamos, que **Yolanda** quiere reeditar a **Dolores Ibárruri**, *La Pasionaria*, pero en rubio, en guay y apartada de todo lo que parezca falta de transparencia o corrupción, que es el lugar en donde han desembocado también quienes venían proclamando justamente lo contrario.

Lo malo es que este nuevo producto del marketing político perfectamente medido y lanzado a lo largo de estos últimos meses y que ha cristalizado el domingo pasado en el Magariños, es también quién está radicalmente en contra de las empresas del IBEX, y detrás del falseamiento de los datos del paro, con la complicidad del INE al contabilizar a los fijos discontinuos como trabajadores en activo, rebajando así sustancialmente el número de personas desempleadas en España. Eso tiene un nombre, el de **Yolanda Díaz**, que enfrenta así el marketing político y la realidad, el estatalismo y la libre empresa, el paro y el humo rosa y aparentemente melifluo que, en el fondo, es comunismo de etiqueta y de marca blanca (lo digo por la tendencia a ese color de la señora vicepresidenta), que no permiten nunca que la verdad o la realidad les estropee un buen titular al más puro, ortodoxo y académico estilo marxista leninista, que es el origen ideológico de **Díaz**, no lo olvidemos.

Josep Piqué y lo genuinamente español

(12/04/2023)

En nuestro país, como mínimo, hay que morirse para que alguien comience a descubrir que un personaje —público o privado, da lo mismo—, merecía la pena. Ha pasado con **Josep Piqué**, pero es aplicable a cada personalidad en el ámbito que sea, el literario, el académico, el deportivo, el económico, el político, el local y hasta el familiar. Y eso en el mejor de los casos porque en muchas otras ocasiones ese consenso ni siquiera se da. Ya sea por miopía, por envidia o por incapacidad genética, el caso es que el español es muy poco dado a encumbrar a sus paisanos, cosa que, sin embargo, se olvida cuando se trata de manifestar ese reconocimiento a personajes foráneos.

Antonio Machado ya dijo aquello de "Españolito que vienes al mundo te guarde Dios, una de las dos Españas ha de helarte el corazón…". Y eso, entonces, porque ahora son muchas más las Españas y mucho más polarizadas desde el mismo poder político a las que está expuesto todo hijo de vecino, y con el exclusivo fin de recoger réditos electorales. Precisamente por eso resulta aún mucho más extraño y conmovedor que haya habido un consenso político y social generalizado en torno a la figura del **Josep Piqué** político, empresario, analista, y vertebrador de la sociedad civil a través de diversos canales (tribunas, Foro La Toja, o editor de la revista *Política Exterior*, entre otros).

Una de las mayores virtudes de **Piqué**, visto desde fuera, era sin duda su capacidad de escucha. No interrumpía nunca a sus interlocutores y respondía siempre a partir de las tesis o las afirmaciones que acababa de escuchar. Algo tan aparentemente simple como esto es hoy harto difícil descubrirlo en hombres y mujeres públicos, que ya vienen con el discurso aprendido desde su despacho y ya no hay forma de sacarlos del discursito de marras. El por qué es muy fácil aislarlo, identificarlo, faltan ideas, faltan principios, faltan valores y formación cultural suficientes para poder sostenerlos con argumentos (era el caso del **Sr. Piqué**), y no a través de la descalificación, el desprecio o la teórica superioridad moral.

Tan catalanista como constitucionalista —dos extremos que han querido hacer incompatibles ciertas formaciones políticas—, no es que **Josep Piqué** fuera un santo, un ser superior que no incurriese en errores o no tuviera defectos, pero no, desde luego, el de insultar, menospreciar o ningunear a sus adversarios únicamente por estar instalados en posiciones políticas o filosóficas distintas y hasta opuestas a las suyas. No, ese era un deporte que nunca practicó y ese solo hecho ya le hace hoy merecedor de ser calificado como ejemplar en un momento de la política española en donde eso se ve, no ya a diario, sino a cada instante, y ya sin necesidad de ponerle un micrófono delante. Ahora bastan las redes sociales para pontificar, insultar y retratarse en cada momento.

Todos esos términos eran aplicables también a hombres tan distintos y distantes como **Adolfo Suárez**, **Felipe González**, **Alfredo Pérez Rubalcaba**, **Santiago Carrillo**, **Manuel Fraga**, **Manuel Clavero Arévalo**, **Jordi Solé Tura** o **Josep Tarradellas**, por poner sólo algunos nombres de políticos de muy diversas tendencias en la Transición. Quizás sólo sea eso lo que ha puesto en mayor evidencia la muerte de **Josep Piqué**, que con él ha muerto también un modo de hacer política, de buscar consensos, de encontrar argumentos que acercasen posturas y abriesen nuevos caminos que dieran cabida a sensibilidades muy distintas, y no la imposición sistemática, la aplicación del rodillo ideológico de leyes aprobadas por la puerta de atrás, sin consenso alguno y pensando más en la revancha que en el diálogo y la negociación. Con **Piqué** ha muerto un modo de hacer política que nunca debiéramos haber abandonado y que convendría rescatar de nuevo y cuanto antes.

¿Papá o mamá?

(14/04/2023)

Los caminos del Señor son inescrutables, dice la Biblia. Los de **Pablo Iglesias** también, aunque la Biblia no se meta en estos vericuetos marxista-leninistas que el otro líder de Unidas podemos transita hoy para destronar a quién él mismo eligió como su sucesora, a saber, la nueva musa de la izquierda a la izquierda del sanchismo, la fulgurante y rosa lideresa de la plataforma Sumar, **Yolanda Díaz**.

Aunque no ha hecho más que empezar, este combate a vida o muerte entre papá **Iglesias** y mamá **Díaz** en las filas de la izquierda radical tiene un final tan incierto como el del F.C. Barcelona en las competiciones futuras de la UEFA. Lo que está claro, para empezar, es que lo que **Iglesias** piensa que le conviene a su partido no parece coincidir con lo que vienen planificando desde Moncloa el tándem formado por el clan de los **Sánchez**, **Pedro** y **Yolanda**.

El primer asalto lo constituirán los resultados finales de las autonómicas y municipales del 28M. A esa cita resulta más que improbable que pudieran acudir juntas las facciones de Podemos y Sumar. Entre otras cosas porque, como tal, la plataforma de **Díaz** no se presenta, aunque lo hagan a título individual algunas de las formaciones que la integran. Pero, al fin y al cabo, la herida de la traición de **Yolanda Díaz** a **Pablo Iglesias** está reciente y, por tanto, no hay tiempo material para la cicatrización.

Otra cosa bien distinta es lo que pueda pasar en el segundo asalto, el de las generales de finales de 2023. Hasta entonces habrá tiempo suficiente en las dos formaciones de izquierda para examinar detenidamente las consecuencias de la ruptura política de la pareja de líderes y entonces, puesto cada uno en su sitio, acaso puedan quedarse al margen traiciones y orgullos de macho alfa, y la necesidad obligará a actuar en consecuencia.

Eso de abandonar la moqueta, los coches oficiales, el Puma y el Falcon tiene un poder inmenso de convicción y, entonces sí, puede que las aguas vuelvan a discurrir juntitas y hasta revueltas, aunque haya que tragar sapos y serpientes en uno de los bandos contendientes para plegarse humildemente a la otra, al menos de cara a la galería.

La guerra abierta entre 'papá' y 'mamá' no parece pues, que vaya a terminar con vientos de paz. **Iglesias** es lo suficientemente soberbio como para no perdonar nunca la traición que ha tenido que soportar de la mujer que él mismo señaló como sucesora pensando que **Díaz** iba a plegarse dócilmente a sus deseos y planes.

No, las cosas no han discurrido por ahí y la presencia de la vicepresidenta 2ª en el nuevo escenario surgido tras la renuncia de **Iglesias**, eclipsa la de las otras ministras de Podemos (ya puede olvidarse la coalición del "Unidas" que le precede), consecuencia lógica tras los patinazos históricos que han supuesto leyes como la del 'Sólo sí es sí' y 'Trans'. Son fuente inagotable de problemas y de sonrisas y lágrimas, no sólo en las filas de las otras formaciones políticas, sino en la propia y mucho más aún entre una ciudadanía que asiste tan perpleja como aterrorizada a ese no bajarse del burro a pesar de que las rebajas de penas, las excarcelaciones y los sinsentidos vayan a enterrar a la coalición y, de paso, a las ministras **Montero** y **Belarra** enfrentadas a la nueva lideresa.

Juegos peligrosos

La decisión adoptada días pasados por los accionistas de Ferrovial en junta general de trasladar finalmente la sede social de la compañía española a Países Bajos, ha puesto final al primer asalto de un combate inusual entre la compañía y el gobierno de España.

La misma vicepresidenta primera y ministra de Asuntos Económicos, **Nadia Calviño**, ha sido la fragata lanzada por el Gobierno contra Ferrovial por su anunciada decisión de trasladarse a la antigua Holanda. El enfrentamiento ha sido derivado por parte de **Calviño** al ámbito del patriotismo o, más bien, a su falta en Ferrovial, primero con advertencias y más tarde con amenazas fiscales. No son los primeros ni los únicos gestos protagonizados por miembros del gobierno de **Pedro Sánchez** (al que, por cierto, también le faltó tiempo para atacar incluso personalmente al presidente de la constructora española). Recordemos aquí las altisonantes declaraciones de hostilidad lanzadas también por otros miembros del ejecutivo contra multinacionales como Mercadona o Inditex, dos ejemplos de emprendimiento ejemplares de nuestro país que han propiciado la creación de miles y miles de puestos de trabajo y, por tanto, de contribuir fiscalmente a engrosar las cuentas del estado.

Además de gestos hostiles como estos, hay también datos objetivos que hablan de que la ayuda a las empresas no son precisamente uno de los objetivos prioritarios del gobierno **Sánchez**: subida de impuestos, incremento del salario mínimo interprofesional sin acuerdos con la patronal, acuerdos unilaterales que provocan inseguridad jurídica entre los emprendedores, etc. Y, por si eso fuera poco, señalemos también que, sólo en 2022, han cerrado en España más de 26 000 empresas, el peor dato en los últimos 25 años.

Uno ya no sabe , aunque se lo teme, si esto no es más que una nueva intentona del gobierno **Sánchez** por desviar la atención del ciudadano español por lo que de verdad importa, los 1 000 beneficiados ya por la aplicación de la Ley del 'Sólo sí es sí', o es que de verdad el ejecutivo se ha vuelto loco y, a las puertas de presidir durante el segundo semestre de este año la UE, se lanza como un kamikaze contra Ferrovial a costa de ignorar uno de los principios básicos sobre los que se ha construido la Unión, el de la libertad de movimiento de personas y capitales. Y, paralelamente, tampoco entiendo la pasividad de Bruselas para investigar en serio las maniobras del gobierno español para retener a Ferrovial en España atentando contra la libertad de empresa.

Me inclino a pensar, sin embargo, que este sigue siendo otro más de los múltiples fuegos de artificio lanzados desde Moncloa para intentar ocultar los efectos devastadores de una Ley que —lo recuerdo de nuevo—, era presentada por **Pedro Sánchez** como el modelo feminista que iba a copiar el mundo entero. Al final, ya se ve, el haber hecho oídos sordos a los informes provenientes del Consejo de Estado o del Consejo General del Poder Judicial, ha traído como consecuencia las excarcelaciones de casi un centenar de condenados por delitos sexuales y la rebaja de penas a un millar más. Y, claro está, el escándalo provocado en la opinión pública tanto por la enésima barbaridad de este gobierno fallido, como por las consecuencias generadas por ella que, en un país de nuestro entorno (Alemania, Gran Bretaña, Francia, Suecia o Italia, pongamos por caso), habrían bastado para que dimitiese el gobierno en pleno y convocase nuevas elecciones generales para someterse a la confianza de los ciudadanos.

Cuando al gobierno de coalición le convenía despenalizar el delito de sedición en favor de los políticos catalanes del *Procés,* le sobraron arrestos y prisas para hacerlo. Ahora, sin embargo, llevamos ya meses esperando una rectificación, un reconocimiento de la metedura de pata, un cese, algunas dimisiones, y aquí seguimos, observando perplejos las rebajas de penas, las excarcelaciones y la huida por pies y el hazmerreír provocado entre los demás gobiernos democráticos del mundo, esos que iban a imitar corriendo una ley tan perfecta, tan guay, tan ejemplar.

Son las consecuencias de seguir practicando estos juegos tan sorprendentes como peligrosos para alterar las reglas legales que hemos tenido durante décadas y que ahora, por las razones de conveniencia política que sean, el gobierno va cambiando poco a poco. Luego no debiera extrañarse de que empresas y particulares defiendan lo que entienden como suyo. Las primeras, variando, si así lo consideran, su sede social; los segundos, los ciudadanos, revalidando o rechazando su confianza en las próximas elecciones.

De vírgenes, nacionalistas, intransigentes y Sánchez Dragó

(21/04/2023)

Al menos desde que **Rodrigo Díaz de Vivar**, el *Cid Campeador,* cabalgase por tierras castellanas hace ya bastante más de 1 000 años, España ha sido siempre tierra de valientes, sobre todo cuando el enemigo está muy lejos de poder defenderse o se encuentra desarmado. Uno de los últimos ejemplos que podría encuadrarse en este grupo es el de ese trío de pretendidos humoristas de TV3 que se han burlado de la Virgen del Rocío (¡Ojo, no de la de Montserrat, que la tienen más a mano!), y de los andaluces, que en realidad somos todos los españoles que no tenemos la suerte de tener el grupo sanguíneo y el RH que debe de identificar a los auténticos catalanes. Sus nombres debemos grabarlos en nuestra memoria para poner identidad a los merecedores de nuestro mayor desprecio: **Toni Soler**, **Jaïr Domínguez** y **Judit Martín**.

Este trío de botarates llaman humor a algo que no es sino una nueva carga contra todo lo que no huela a purismo catalán haciendo uso de la más vil e infame de las libertades, la de insultar por insultar, la de ofender por ofender. *La bromita* tiene un carácter nazi que se las pela. Algo así ocurría en la Alemania de **Hitler**, sólo que con los judíos que primero fueron blanco del odio nazi a través de los chistes más macabros y despersonalizadores lanzados contra ellos por las huestes del dictador, y que luego —como todos sabemos—, acabaron en los hornos crematorios por millones. Claro, al fin y al cabo, no hacían otra cosa que un bien a la humanidad eliminando a seres que, a su juicio, tenían tanto de humano como las cucarachas.

Estos falsos humoristas, adalides de un nacionalismo catalán mal entendido sí que son verdaderos fanáticos e irrespetuosos, y no he oído calificarlos como tales a esta nueva guardia de la moral pública y privada que apunta a todo lo que no sea de su cuerda o no siga los caminos marcados por esta nueva ingeniería social de lo políticamente correcto para tildarlo precisamente de eso, de *fascistas* o de *nazis*. Corrijo, pues, en la que creo recta aplicación de la lógica aristotélica, que al callar se hacen cómplices de estos *heroicos* humoristas catalanes.

Ha sido precisamente alguno de estos militantes revolucionarios y anónimos que se esconden tras un *nickname* en las redes sociales quien, a colación de la muerte del escritor **Fernando Sánchez Dragó**, ha dicho de él "Uno menos". Traduzco de nuevo y otra vez espero que, con el beneplácito de **Aristóteles**, que ese tío, tía o tíe, se alegre de la muerte de **Fernando Sánchez Dragó** es otra muestra patria de la falsa gallardía, el falso valor y la falsa nobleza hispanos.

Se puede estar de acuerdo o no con un hombre tan polémico y polemista como **Sánchez Dragó**, siempre en contra de todo y de todos, de opiniones cambiantes a lo largo de toda su vida, pero defensor a ultranza de sus ideas y sus valores. En todo caso, no creo que sea discutible decir de él que siempre tuvo vocación de rescate de los marginados, de los heterodoxos y de los malditos de nuestra cultura.

Y doy por supuesto que ese anónimo celebrante de la desaparición de **Sánchez Dragó** debe ser autor mucho más preclaro que el de los ensayos *Gárgoris y Habidis, Una historia mágica de España* (cuatro tomos por los que **Dragó** ganó el Premio de Ensayo en 1978), *La España Mágica, Ideas para una nueva política cultural, Finisterre, Del priscilianismo al liberalismo, Volapié. Toros y Tauromaquia*, o la novela ganadora del Planeta en 1992 con *La prueba del laberinto*.

Son sólo dos pequeñas pero reveladoras y tristes muestras de la incultura, la falta de respeto y el odio por todo lo nuestro que buena parte del pueblo español lleva cultivando hace ya siglos y que culminó en el pasado en una Guerra Civil que estamos reviviendo ahora con una visión sesgada y partidista a través de las consecuencias de esa Ley de Memoria Democrática que quiere imponer una sola óptica sobre acontecimientos históricos que con toda seguridad lo que hará entre los jóvenes historiadores es justamente lo contrario: acentuar el sentido crítico y buscar los datos, el contraste de hechos y pareceres para intentar acercarse a la verdad. Y digo la verdad científica (la estudiosa, la reflexiva, la ecuánime, la que busca la objetividad), que casi siempre es la contraria a la verdad oficial que quiere imponerse.

El Barcelona, Laporta, Enríquez Negreira, Franco y todos los demás

(24/04/2023)

No hace falta ser directivo de ningún club de fútbol, ni siquiera ser aficionado al deporte rey para concluir que este, el fútbol, cada día tiene menos de deporte y más de negocio. Si no fuera así, los socios de los clubes no clamarían contra el entrenador o la presidencia del club en menos que canta un gallo, y siempre coincidiendo con crisis deportivas de los equipos. Sucede cada temporada y varias veces, coincidiendo siempre con los momentos en que los clubes se quedan jornadas sin puntuar y, paralelamente, al perder la senda que cada equipo se marca a sí mismo al comienzo de la temporada, estar entre los primeros, permanecer en la división en la que esté o, en fin, eludir, aunque sea a última hora, el calvario del descenso a la categoría inferior.

Por eso, año tras año, temporada tras temporada, se ven rodar cabezas de entrenadores en los equipos que más se desvían de sus objetivos iniciales. Y, si una vez producido el cambio de técnico, los malos resultados persisten, la mirada de los socios y simpatizantes se torna entonces hacia el palco presidencial y eso son ya palabras mayores porque el vuelco que se produce en el equipo afecta ya a sus más sólidos cimientos, si es que puede aplicarse el símil arquitectónico en un club de fútbol que, salvo escasísimas excepciones, cada vez se parece más a cualquier empresa o sociedad anónima, en donde son las cuentas de resultados lo único que cuenta, no la historia deportiva, ni los afectos acumulados por tradición centenaria.

Más que un club

También por la misma razón, porque el poder tiende siempre a mantenerse, no es nada extraño que sus dirigentes acudan a los más sutiles métodos con tal de asegurar que esos horizontes marcados cada año a principios de temporada, estén lo más asegurados posible. Teóricamente eso se hace fichando bien a los mejores jugadores y entrenadores, y por el menor dinero posible. O, como hemos visto hace muy poco, integrando incluso a gentes con poder dentro del estamento arbitral para asegurarse que las dudas de los árbitros se resuelvan en favor del equipo contratante en la mayor parte de las ocasiones.

Eso es lo que presuntamente ha sucedido con el F.C. Barcelona, que desde hace unas semanas viene protagonizando el mayor escándalo del fútbol español en toda su historia. El club blaugrana, según informaciones destapadas fundamentalmente por el diario *El Mundo*, ha destinado más de 7,5 millones de euros a pagar a **Enríquez Negreira** hasta que en 2018 abandonó el Comité Técnico de Árbitros y con ello perdió el poder de ayudar, directa o indirectamente, en la elección de los árbitros que pitarían al Barcelona, o en influir de alguna manera en las decisiones vitales que todo juez de contiendas deportivas se ve obligado a tomar en décimas de segundos y cada vez que arbitra un partido.

Somos humanos y, por tanto, débiles, influenciables y susceptibles a lo que siempre se ha llamado soborno. Total, para satisfacer a unos dirigentes y a una masa social que, por fas o por nefas, quieren darse el capricho de ganar siempre. Pues nada, si se puede, se arbitran (¡Uy, se me ha escapado el término…!), las medidas necesarias para minimizar las oportunidades de ganar para los equipos rivales. Al fin y al cabo, siempre se ha dicho que en el deporte unos ganan y otros pierden, así es que en realidad no es tanto lo que edulcoramos las reglas del juego…

Lo malo es cuando se destapa el chiringuito y entonces alguien tiene que dar la cara. Dos meses ha estado silente el presidente del F.C. Barcelona, **Joan Laporta** —por cierto, significado simpatizante de Esquerra Republicana de Catalunya, ERC—, para decir "esta boca es mía", y tratar de justificar lo injustificable. Al fin, cuando se decidió a hacerlo, el hombre tomó el camino más previsible, el del ataque al contrario con un discurso victimista y arremetiendo contra el Real Madrid, al que denominó «el equipo del Régimen». La respuesta del Madrid no se hizo esperar. El club blanco publicó en cuestión de horas un vídeo en el que se ponía de manifiesto la estrecha relación entre el FC Barcelona y **Francisco Franco** que, entre otras cosas, colmó de ayudas económicas durante años al club blaugrana.

¡Acabáramos! ¡Ya estábamos tardando demasiado en volver a incomodar los vapuleados huesos del exjefe del estado español, al que tanto jugo le ha sacado **Pedro Sánchez** en estos últimos años! Por cierto, y de paso, muy amigo también del presidente de la Generalitat catalana, **Pere Aragonés**, al que le ha faltado tiempo para sacar a la portavoz del gobierno que preside, **Patricia Plaja**, para salir a la defensa de **Laporta** y el F.C. Barcelona, recordar los lazos que el Barcelona tenía con el régimen de **Francisco Franco** es para la portavoz «una irresponsabilidad» y «una manipulación de la historia».

Vamos, que un día de estos el Barcelona, el presidente de la Generalitat, y hasta **Pedro Sánchez**, si se ve forzado a ello por el líder de ERC, van a echar mano de la Ley de Memoria Democrática y harán negro lo que aparece como blanco, o viceversa, aunque metáforas como estas de los colores sean muy peligrosas en este terreno del fútbol.

Pero, como siempre, y más cuando anda **Franco** de por medio, al final los 7,5 millones de euros que **Enríquez Negreira** se ha ido embolsando en estos últimos años por ayudar muy eficazmente al Barcelona, van a pasar a segundo término y aquí lo único que importa es demostrar si Su Excelencia el anterior jefe del estado era más culé o madridista. ¡Este país no tiene solución! O, a lo peor, la que la encuentra va a ser finalmente la UEFA, lo cual no hará más que contribuir a hundirnos aún más en el fango de la estulticia y la malhadada corrección política.

Insomnio por doquier

(27/04/2023)

Dicen las malas lenguas, es decir, aquellas que simplemente se limitan a echar mano del sentido común, que los asesores monclovitas se han echado a temblar al conocer el estudio específico que ha llegado hasta allí proviniente del CIS de **Tezanos** que, por una vez y sin que sirva de precedente, ha debido acertar en sus previsiones augurando que el experimento **Yolanda Díaz** y Sumar va a arrastrar varios cientos de miles de votos que, hasta ahora, iban a parar a las urnas del PSOE.

Quizás por eso mismo le ha faltado tiempo al presidente **Sánchez** —que ya debe ver muy cerca la cornamenta del toro de las elecciones—, para anunciar esa nueva medida *fake* de lanzar al mercado del alquiler esos 50 000 pisos en manos de Sareb, el 'banco malo', la mayor parte de los cuales están donde Cristo perdió el gorro y, por tanto, no van a aliviar lo más mínimo lo que en la nueva ley de la vivienda se llama "zonas tensionadas" (Madrid, Barcelona, Valencia, Sevilla y otras grandes ciudades). Dos días después de este primer anuncio, el propio **Pedro Sánchez** incrementó esa cifra en 43 000 más (por prometer que no quede, aunque cinco años después ya sabemos dónde van a parar la mayoría de promesas del presidente).

No sabremos si **Sánchez** se ha equivocado en la estrategia de lanzar a **Díaz** contra **Iglesias** en su intento de estrechar el arco electoral de Unidas Podemos, pero lo cierto es que, por el momento, tanto él como el partido que preside van a evitar choque alguno contra su vicepresidenta. Ahora, ya se sabe, todo es táctica o estrategia y ni siquiera en **Sánchez** es feminismo todo lo que reluce.

Imagino que se lo deben estar comiendo los demonios cuando ve cómo **Díaz** ocupa titulares y primeras páginas, y como el ego de su vicepresidenta se va desbocando y aparece el otro yo, la verdadera, la que probablemente se parezca mucho más a su otro jefe de filas, **Pablo Iglesias** y lo mismo cuando lo haya derrotado, se fija entonces un objetivo más alto, el de quitarse de en medio al mismo presidente. Y aun así **Yolanda** no engañará a nadie porque —lo recuerdo ahora—, durante la moción de censura que protagonizó el ya casi nonagenario **Ramón Tamames**, la ministra de Trabajo no ocultó a nadie sus máximas aspiraciones, las de llegar a ser la primera mujer que presida un gobierno en España.

Hasta entonces falta mucho y habrán de rodar cadáveres (políticos claro), por el camino. Los datos electorales, tanto de las municipales y autonómicas como seis meses después, las generales, que darán y quitarán razones, escaños y poder político interno y externo.

O mucho me equivoco o Unidas Podemos ya no será para entonces lo que era, por un lado, y el sanchismo puede estar también escribiendo sus últimos capítulos en la historia del PSOE. Pero, no corramos tanto ni tan deprisa, vayamos paso a paso. El retoque a la Ley del 'Sólo sí es sí', está profundizando la brecha en el seno del gobierno, y ya son mucho más que reproches lo que una parte del gobierno lanza contra la otra y eso que, tanto **Sánchez** como **Díaz** han buscado excusas para no votar junto al PP una reforma de la ley que ellos también colaboraron en idéntica medida en sacarla adelante.

Y, paralelamente, pero mirando ahora sólo al flanco izquierdo de la izquierda sanchista, **Díaz** e **Iglesias** libran una batalla a vida o muerte que no colabora lo más mínimo en acercar posturas para acudir juntos a las generales. Mientras Podemos busca denodadamente desenmascarar el discurso amable de **Díaz** y demostrar que, en el fondo, ambos defienden los mismos principios, la vicepresidenta insiste en lanzar esos mensajes vacíos de contenido (diálogo, sumemos, reflexionemos juntos…), que no pueden resistir mucho más tiempo en el campo de la indefinición si no se les va dotando ya de medidas y posturas concretas.

Pero la estrategia de **Díaz** parece estar ahora mucho más por conseguir desprenderse de **Iglesias**, **Belarra**, **Montero**, **Echenique** y toda la tropa que les secunda que por definir mensajes de cara al ciudadano potencial votante. Si lo logra, se apoyaría en la estructura podemita, en la de Izquierda Unida y en las de las confluencias.

Lo cierto, después de todo, es que el insomnio aquel del que hablaba **Pedro Sánchez** que iba a apoderarse de él si pactaba con **Iglesias**, como decía solo unos días antes de abrazarse a él como único camino para ocupar el sillón de la Moncloa, me parece que vuelve de nuevo a primera línea. Ahora no es sólo **Sánchez** quien debe de estar teniendo problemas para conciliar el sueño, sino que el problema se ha generalizado a toda la clase política. En la izquierda sanchista, como ya vienen avisando todos los sondeos —a excepción del CIS de **Tezanos**, como es natural—, por su dudoso futuro político en las condiciones actuales. En la izquierda radical que se sienta con él en la mesa del consejo de ministros por las razones que ya hemos apuntado más arriba. En los dominios de Bildu y Ezquerra de Catalunya porque si se les marcha **Sánchez**, adiós a los referéndums de independencia a corto plazo. Y en la derecha de **Alberto Núñez Feijóo** porque de tanto afinar el paso para no confundirse ni un solo momento con los chicos de Vox les está haciendo mirar más hacia su derecha que a su izquierda y eso puede llegar a pasarles también factura. Vamos, que el insomnio ya no va sólo por barrios, está generalizado al menos hasta diciembre próximo.

Adversidad

(30/04/2023)

Esto me pone. Todos están en mi contra: parte de mi gobierno, la oposición, los ciudadanos, la calle, las encuestas, los datos económicos, las proyecciones de futuro… Me da igual. Vuelve a ser mi hora. Aquí me crezco yo, **Pedro Sánchez**, el presidente (del gobierno, por ahora, pero todo se andará…). 47 millones de euros en propaganda nos vamos a gastar en las próximas semanas, es decir, justo cuando van a ir a votar los ciudadanos españoles para elegir a sus alcaldes y a sus diputados autonómicos.

Y ahora con la nueva Ley de la vivienda, ya he empezado a poner nerviosos a los currantes que tienen una segunda o tercera vivienda. Ya no sabrán si alquilar para completar un poco su pensión, vender, o ir cediéndolas ya a sus hijos treintañeros, que no salen de casa ni por equivocación. Pero que no se preocupen estos pequeños propietarios porque aquí está su gobierno. Primero, el palo, los inquieto, les añado un poco más de inseguridad jurídica, de miedo a los okupas. Está bien para ir bajándoles los humos. Luego vendrá la zanahoria en forma de ayuditas de 300 o 400€ (tengo que ir pensando ya en darles un nombre apropiado, rimbombante y halagador de la clase trabajadora, que eso se acaba transformando en votos). Euros que, por supuesto, antes les habré quitado a ellos mismos en forma de impuestos, y así quedarán contentos con su gobierno y con su presidente, un servidor.

Diecisiete veces nos ha pedido ya la Asociación de Víctimas de la Ocupación que los recibamos en Moncloa y hemos dado otros tantos silencios administrativos por respuesta. Estos chicos osan venir a mi propia casa a criticarme. No se puede ver desvergüenza mayor. ¿Que creo inseguridad jurídica? Si hay que crearla, se crea. Todo por España. Si yo le falto a este país, ¿qué va a ser de él? **Ursula**, mi **von der Leyen**, ya pondrá todos sus recursos para que no sea así. Y, de fracasar en el intento, no albergo la menor duda de que borraría España del mapa de la UE, la expulsaría incluso.

Por ahora, sólo quiero tener contentos en los próximos meses, y hasta el final de la legislatura, a Unidas Podemos, a Bildu y a ERC que, si no, son capaces de quitarme de Moncloa en pleno semestre de la presidencia de España en la UE. No podría soportarlo. ¡Cómo voy a molar! ¡Con lo que me van a mí las cámaras! Es que me quieren mogollón. Es lo que tiene ser guapo. Sin duda, no sólo el presidente más sexi de todas las democracias europeas, sino el más guapo de todos los tiempos. El único que me hace algo de sombra es **Felipe**, el **de Borbón y Grecia** —no sé por qué aquí le llaman **VI**, a ver si pongo un rato para averiguarlo porque lo mismo le aplicamos tambіén la Ley 20/2022 de Memoria Democrática—. Pero ya tengo un plan. Hasta ahí puedo leer. Como con todo lo que hago, voy a sorprender a propios y a extraños. No van a poder reaccionar siquiera en el primer momento porque no les voy a dar tiempo…

Lo que más me molesta es que no paran de referirse a mí con términos como soberbio, arrogante, altanero… Si ellos supieran, como yo, que siempre estoy en posesión de la verdad, hablarían de otro modo. La verdad es siempre lo que yo diga. No sé cómo pueden atreverse a dudarlo algunos ciudadanos. Tengo que decirle a mis dos **Félix** (**Bolaños** y **Tezanos**), que vayan preparando un plan y una encuesta en donde todos aquellos que sigan pensando esto de mí, pasen a disposición judicial y sean expulsados a Siberia, o así, que ya me las arreglaré yo con **Putin** cuando presida la UE.

Por ahora, sigamos profundizando en ese lanzamiento del nuevo plan de vivienda. Los *malos* dicen que por qué no lo hemos hecho durante estos últimos cinco años de gobierno y que hemos esperado a anunciarlo justamente antes de las elecciones del 28M. Puedo decir y digo (¡Uy, qué mal queda esta expresión! Me recuerda a **Suárez**), que en cuanto veamos cómo soslayar que las competencias directas para otorgar permisos, calificar o descalificar suelos, etc., las tienen las Comunidades Autónomas y los municipios, aún vamos a ir más lejos. Pero eso no lo sabe el ciudadano. Aquí de lo que se trata es de prometer y prometer. ¡Con el buen resultado que me dio ese método de la utilización sistemática de la falacia y la mentira en las elecciones del 19! Voy a construir cien o doscientas mil viviendas, y a dar sueldos de tres mil euros mensuales a todos los españoles de bien, y a hacer que vuelva Ferrovial, y a cerrar las fronteras a cualquier otra superempresa que quiera fijar su sede fuera de la piel de toro. Estos no saben quién es **Sánchez**, quien soy yo, pero si lo quieren averiguar, estoy dispuesto a mostrárselo.

Ahora tengo que entrenar un poco más. Los más observadores aún percibieron mi crispación cuando durante las intervenciones de **Núñez Feijóo**, el último día en que pudimos enfrentarnos en el Senado, yo me reía algo nervioso, consultaba mi móvil, buscaba la complicidad de mis vicepresidentas **Calviño** y **Díaz**. No, no podía dejar de pensar en las malas expectativas de derrota que me pronostican las encuestas. Pero esa debilidad de carácter no puedo mostrarla con tanta facilidad. Aún tenemos muchos meses por delante hasta diciembre. Claro que como el 28M los ciudadanos me den una patada en el trasero de los alcaldes y presidentes autonómicos de mi partido, no sé qué vamos a hacer. Demos tiempo al tiempo y, por ahora, centrémonos en la campaña, aunque ninguno de mis compañeros quiera posar junto a mí en sus fotos. Ya hablaremos también de eso, ya hablaremos después…

En tu fiesta me colé

(04/05/2023)

Un ministro "no es fundamental en un acto autonómico". No lo digo yo sino **Javier Lambán**, el presidente socialista del Gobierno de Aragón, a colación de esta forzada y reiterada polémica anual con motivo de la fiesta del 2 de mayo en la Comunidad de Madrid (CAM). Hace ahora justamente un año, otra vez en el día de la fiesta de la CAM, **Félix Bolaños**, ministro de la Presidencia, contraprogramaba la agenda de los medios con un anuncio urgente que tenía que hacer a primera hora de la mañana del 2 de mayo de 2022 para anunciar que el móvil del presidente **Sánchez** y de algunos ministros, había sido jaqueado por Pegasus, el famoso programa espía. Podía haberlo hecho ese mismo día a media mañana, el día anterior o el posterior pero no, escogió la primera hora de aquel 2 de mayo para hacer pública la bomba informativa y, de paso, relegar a segundo plano la figura de la presidenta **Isabel Díaz Ayuso**.

A la presidenta de Madrid le parece que en política no hay casualidades. A mí también, la mano del presidente orgulloso, soberbio y arrogante que nos ha tocado en suerte en el último lustro se adivina de nuevo ahí detrás: Oye, **Félix**, ¿por qué no te acercas por la Puerta del Sol y tratas de poner un poco nerviosa a **Ayuso** y a toda la derecha fascista? Todavía me duele el bofetón electoral que nos dio en 2021, relegándonos al tercer puesto. Y, al paso que vamos, me parece que el 28M va a repetir la jugada…

La fórmula ideada desde Moncloa me parece muy próxima a lo infantil, pero, a juzgar por los resultados, muy efectiva. **Ayuso** cursa invitaciones a la ministra de Política Territorial, **Isabel Rodríguez**, y a la de Defensa, **Margarita Robles**. Y lo hace, porque el año anterior el presidente **Pedro Sánchez** no quiso sumarse a los actos del 2 de mayo. Pues nada, la ministra **Rodríguez** declina la invitación, pero se autoinvita **Félix Bo-**

laños, aún a sabiendas —o quizás, precisamente por ello—, de que no iba a ser nada bienvenido en la Casa de Correos. El caso es seguir añadiendo tensión y agitar la vida pública española.

Aunque la cosa no va más allá de un nuevo disparate que atenta contra el sentido común, de anécdota de patio de colegio, que no habla nada bien de un gobierno pretendidamente serio y autodefinido como dialogante. Sí, dialogante con los partidos que quieren cargarse la Constitución y dividir España, porque lo que se dice con el primer partido de la oposición, nada de nada. Ni siquiera para agradecer públicamente la mano tendida desde Génova para acabar de una vez por todas con la sangría de las rebajas de penas y excarcelaciones provocadas por la aprobación de esa Ley del 'Sólo sí es sí' que el propio **Sánchez** se apropió entusiasmado nada más ser aprobada en el Congreso de los Diputados, del mismo modo que se quitó de en medio cuando los casos de rebajas de penas fueron creciendo como la espuma.

Lo que pasa es que en este país —no es la primera vez que lo decimos y supongo que tampoco será la última—, pasan tantas cosas, a tal velocidad, de tal calado político y tan graves, que una entierra a la anterior y así sucesivamente. Además, a los adjetivos que hemos utilizado más arriba para definir a **Pedro Sánchez** hay que añadir alguno más: deslizante, manipulador y hasta camaleónico porque sabe ponerse en primera fila o esconderse detrás del grupo cuándo y cómo le conviene en cada momento, apropiándose o desentendiéndose de un fregado cuando le interesa. Parece que lleva una bomba de humo escondida en algún bolsillo de todas sus impecables chaquetas para lanzarla en medio de una reunión y hacer mutis por el foro sin que nadie haya podido advertir ni cuándo ni cómo ha desaparecido del lío político.

Pero, en fin, y concluyendo el origen de esta columna de opinión, lo que se pretendía desde Moncloa era eclipsar a la presidenta **Ayuso** y en buena medida se ha conseguido porque la polémica ha ocasionado bastantes declaraciones de los dirigentes políticos antes, durante y después del acto que los congregaba en la madrileña Puerta del Sol, Y así han sido relegadas a segundo término algunas afirmaciones del discurso de **Ayuso**, y también varias nuevas encuestas electorales que vuelven a colocar a la presidenta madrileña con mayoría absoluta en la Comunidad de Madrid, al PSOE en tercer lugar, a bastante distancia de Más Madrid, que sería el primer partido de la oposición madrileña de izquierdas y a Unidas Podemos al borde del despeñadero del 5%, es decir, con peligro cierto de su desaparición en la capital de esa España que tanto ha contribuido a dividir.

Aquí los únicos que han sacado tajada del enfrentamiento han sido los chicos de Mecano (los hermanos **Cano** y **Ana Torroja**) que, después de varias décadas han vuelto a sonar como sintonía ilustrativa de cuanto acontecía entre el gobierno autonómico madrileño y el de la nación con aquella *Me colé en una fiesta,* ahora reeditada no en CD sino en la vida pública madrileña misma. El año próximo ya veremos si el tablero electoral vuelve a propiciar nuevos desencuentros y enfrentamientos.

¡Veinte mil del ala! (… es un decir)

(08/05/2023)

Sumar, es decir, **Yolanda Díaz**, recoge entre sus primeras ideas programáticas lanzada estos días de precalentamiento electoral (lo digo con segundas, por si no se nota, porque estamos metidos de hoz y coz en el tema desde hace ya meses…), desplegar una "herencia universal (estos chicos de **Díaz** muestran ya su patita cursi)", una cantidad económica de 20 000€ que se abonaría a los jóvenes cuando cumplan la mayoría de edad (18 años). Por supuesto, sería financiada por otro nuevo impuesto aplicado a grandes patrimonios o rentas. Mal empezamos, señora **Díaz**. Aquí por ofrecer que no quede. Más aún si es a costa de los demás, aunque esos demás sean eso que llaman ahora grandes fortunas, por lo demás, un concepto tan variable como el viento, tan sutil como la fijación de esa cantidad milenaria de euros para nuestros jovencitos.

Sugiero a la señora **Díaz** que se piense un poco más la propuesta que le lanzo para que riegue también con ella a más amplios, esforzados y olvidados sectores de población. ¿Y por qué no dar también a los mayores de 81 la módica cifra de 200 000€? ¡eso sí que es haber demostrado que —trabajando o sin trabajar, holgazaneando o filosofando, da lo mismo—, esos viejecitos han tenido la habilidad, la suerte o la cara de haber llegado a tan provecta edad y eso sí que merece un premio social, un reconocimiento político de tirios y troyanos y, si llega el caso, hasta de un diploma olímpico sin acudir a olimpiada alguna.

Y propongo, además, que vaya a cargo de las infinitas subvenciones que riegan los miles de chiringuitos de todo tipo que pueblan la geografía política y social de dudosa utilidad repartidos por las tres administraciones (estatal, autonómica y local). En su defecto —luego dirán que aquí no hay ideas—, podrían detraerse también de las dietas de los señores parlamentarios nacionales, autonómicos o de los integrantes de las diputaciones o, en su defecto, de las millonarias cuentas corrientes de los mismos partidos y sindicatos que la propongan.

Esto debería de ser así para estos 20 000 del ala que se le ha ocurrido lanzar a Sumar, o para los 200 000€ que propongo yo mismo para contentar a esa facción social cada vez más olvidada, ninguneada y hasta despreciada, como es la llamada tercera edad.

Pero creo que debería ya bastar de seguir aguijoneando a fortunas, grandes propietarios, empresas multinacionales, nacionales, provinciales y hasta de barrio, que ya no saben qué hacer para seguir atendiendo la presión impositiva a la que los tiene sometidos la señora **Montero, María Jesús**. Así soy yo también generoso con el mundo entero.

La medida, lanzada al parecer con vistas a corregir desigualdades de forma temprana e ideada por los 35 grupos sectoriales de la plataforma que impulsa **Díaz**, no ha tenido ninguna oposición interna. Aquí todo lo que sea acabar con la economía productiva y seguir ampliando el abanico de subvencionados y de "estómagos agradecidos" —como decía **José María García** hace ya varios decenios, cuando era el líder del periodismo deportivo y azote inmisericorde del entonces presidente de la Federación Española de Fútbol—, es siempre bienvenida, y si alguien levanta la voz en contra, como es el caso, o la amplía más allá para situarla en el campo del absurdo o lo surrealista, debe de saber que no va a ser recompensado si un día llega a hacerse acreedor de la misma.

Un asunto, por cierto, que, además de profundamente injusto, no acabo de entender. Si a la izquierda caviar y progre más que progre no le parece que haya contradicción alguna en quién denuesta públicamente a la sanidad privada pero luego acaba haciendo uso habitual de ella para operarse o hacerse un chequeo, por la misma razón uno puede criticar una medida de este jaez, pero acudir a la ventanilla cuando le afecte personalmente para cobrarla, por muy en desacuerdo general que esté con ella.

Estamos, pues, en el momento preciso de crear al menos un nuevo puesto de trabajo, el de jefe del negociado de 'Ayudas del Ala', para dar cauce efectivo a estas y otras ayudas similares que pudieran ir creándose, no vaya a ser que luego pase como con el IMV (Ingreso Mínimo Vital), o los fondos Next Generation, que no han podido distribuirse por falta de infraestructura funcionarial adecuada. Quien avisa no es traidor.

El precio justo: ¡A jugar…!

(12/05/2023)

Unidas Podemos, a través de ese "cráneo privilegiado" —que diría **Valle-Inclán**—, que es **Ione Belarra**, ha tenido la brillante idea de amenazar a las empresas de distribución alimentaria con crear una cadena pública de supermercados en los que el común de los mortales ciudadanos españoles pueda acudir con la garantía de encontrar los precios más bajos y los mejores productos. Para la ministra de Derechos Sociales y Agenda 2030, es prioritario en estas circunstancias de inflación desbocada ¿pero no habíamos quedado en que ya se está controlando?, ¿entonces para qué la creación de esta supercadena pública de supermercados, 'Precios Justos'…? La ministra lo tiene meridianamente claro, para luchar contra el "oligopolio alimentario" que, en su opinión, está en manos del presidente de Mercadona, **Juan Roig**.

No sé por qué le ha dado a esta gente por cargarse cuanto antes a Mercadona, primero, y a renglón seguido seguro que también a Supercor, Día, Carrefour, Eroski, Ahorra Más, La Despensa y similares… O, bien pensado, lo mismo sí que acierto a dar una explicación a esa obsesión de clarísimo corte comunista e intervencionista (perdón por la redundancia porque, en realidad, ambos términos expresan una misma tendencia).

En un viaje a Moscú y Leningrado (1981, antigua Unión de Repúblicas Socialistas Soviéticas), entendí en muy poco tiempo en qué consiste el comunismo. Corría el mes de marzo y las últimas nieves del invierno hacía que los termómetros marcasen entre 15 y 20 grados bajo cero en las dos grandes metrópolis rusas, la histórica y la de la postrevolución bolchevique. Casi en cada manzana podían verse brigadas de dos docenas de obreros para ir retirando la nieve de las calles. Me sorprendía que no fueran máquinas quitanieves las que manejasen todos esos obreros porque así su trabajo multiplicaría por 10 o por 20 la eficacia en el objetivo perseguido. Pero es que no se buscaba la eficacia sino repartir el empleo, es decir, llegar artificialmente al pleno empleo, aunque este fuera más que precario.

Otra estampa cotidiana eran las interminables colas para acceder a grandes supermercados y a centros comerciales (tipo El Corte Inglés, pero en ruso). Los unos, los super, con estanterías medio vacías y con sólo ciertos productos, los segundos, los de ropa, con absoluta falta de atractivo en todo el género. La distancia entre lo que podía encontrarse en ellos comparados con el Primark de nuestros días (ropa digna, a un precio más que asequible y al alcance de todos), es la misma que puede haber hoy entre esta cadena y las prendas exclusivas de una tienda Louis Vuitton.

En España, y ante el improbable caso de que la parte socialista del gobierno **Sánchez** escuche, primero, y admita, después, la propuesta de **Belarra**, ya podría hundirse la economía hasta límites nunca vistos que jamás Unidas Podemos reconocería que la propuesta no es precisamente brillante. De ser así, además, se les habría ocurrido mucho antes, hace cuatro años, nada más entrar en el gobierno. Pero, eso sí, los miles de compañeros y colegas que habrían pasado a formar parte de las plantillas de esos 'Super del precio justo', a ver quién los devuelve al paro ante la segura inviabilidad del modelo de negocio, según apuntan todos los expertos del sector y economistas de todo pelaje ideológico —a excepción del comunista, obviamente—.

Sea la soberbia, el odio ciego hacia el capitalismo y los capitalistas, o lo que sea, estos visionarios no son capaces de vislumbrar que la viabilidad de un negocio no se consigue con ideas improvisadas y caducas, sino con estudio pormenorizado, experto y detenido de modelos que están demostrando —y desde hace ya algunas décadas en el caso de Mercadona—, que se puede obtener valor añadido en una actividad de esta naturaleza y, además, conjugándola con salarios y ventajas sociales más que dignos para sus trabajadores, ajustando el porcentaje de beneficio en toda la cadena a cambio de ganar una buena cuota de mercado. No basta, pues, con levantar unos cuantos

Super 'precio justo' y desconocer las leyes que rigen el mercado alimentario.

Y, en caso de que sea yo el equivocado, ¿por qué no extender el modelo al resto de sectores productivos de este país? Hablo del sector financiero, el de telecomunicaciones, el industrial (químicas, farmacéuticas, textil, automovilístico, transportes, bebidas…), la agricultura, la ganadería, el turismo, la restauración, los bienes de equipo, etc…

Nacionalicen todo, que es lo que les pide el cuerpo, y habrán llevado a la práctica el comunismo político y económico que buscan. Pero díganlo alto y claro para que también sus bases y los ciudadanos de a pie sepan que lo mismo sus puestos de trabajo, de transitar finalmente ese camino, pueden acabar yéndose al garete y el país sumido en la pobreza absoluta.

Pero a esta izquierda radical, ideologizada pase lo que pase y con el derecho exclusivo de decidir qué es progre y qué no lo es, no le hables de experiencias (propias o ajenas, da igual). No hace falta traer aquí el ejemplo bolivariano de la Venezuela de **Hugo Chávez** que, puesta en práctica esa peregrina idea, en lugar de contribuir a dinamizar la economía nacional, lo que produjo fue hambre y pobreza generalizada para toda la población venezolana, herencia que mantiene a rajatabla su sucesor, el ínclito **Nicolás Maduro**.

No hace falta, pues, recurrir a ejemplos del otro lado del Atlántico para ilustrar la tozudez, la contumacia, la soberbia y la altanería con la que la izquierda patria secunda cualquier iniciativa salida del mágico sombrero de sus líderes o lideresas. Baste recordar lo que está pasando con la Ley del 'Sólo sí es sí', diseñada, levantada y llevada al Consejo de Ministros desde la cartera de Igualdad, capitaneada por **Irene Montero**. Desoyeron todas las voces autorizadas que les avisaban *a priori* de las consecuencias (Consejo de Estado y CGPJ, entre otros organismos), y medio año después se han encontrado con 100 excarcelados y más de 1 000 reducciones de pena entre los violadores y pederastas condenados en firme. Pero nada, ni un paso atrás, la ministra **Irene Montero** ni dimite ni acepta públicamente su error, y ahí sigue, en el Consejo de Ministros, conviviendo con la parte socialista que, en principio, la apoyó y hasta quiso hacer suya la dichosa Ley, y, después, hasta se ha dejado secundar por el PP para rectificar y cortar la sangría de casos, al menos a partir de la fecha de promulgación del nuevo texto consensuado.

A ver si de una vez la señora **Belarra** llega a la conclusión de que lo que de verdad hace falta en este país, como en todos, es reducir el paro de forma drástica, hacer que cada ciudadano en edad laboral pueda trabajar dignamente y así tener ciertas garantías de futuro. Y, de paso, moverse en un entorno legal seguro, sin cambios arbitrarios permanentes que lo único que provocan es la falta de inversión nacional y extranjera, el cierre de negocios y el estancamiento de los que van quedando. Así es que, señora ministra, como en el viejo programa de televisión que da nombre a sus supermercados públicos, sólo nos queda ponernos manos a la obra: ¡A jugar…!

Infamias y acuerdos

Lo hemos sabido estos días y, una vez más, la sangre se nos ha congelado en las venas. Forman parte de las listas de EH Bildu a los ayuntamientos del País Vasco 44 candidatos condenados por ser miembros de ETA, siete de ellos asesinos con delitos de sangre. Ninguno, que se sepa, ha pedido perdón a las víctimas ni ha movido un dedo para colaborar en el esclarecimiento de alguno de los cientos de crímenes aún pendientes de investigación. El agente necesario para blanquear la imagen de los filoetarras tiene nombre y apellidos, **Pedro Sánchez**, presidente del gobierno de España y secretario general del PSOE, un partido que, por cierto, también fue víctima de las balas de ETA. Lo que parece incomprensible, es que ni una sola voz del partido se haya levantado en los órganos internos de decisión del partido contra el 'supremo líder', el todopoderoso **Sánchez**, el hombre que mejor se esconde y sabe diluir sus responsabilidades cuando vergüenzas como esta salen a la luz.

Bien es verdad que no está solo. Su compañero de filas y antecesor tanto en la secretaría del partido como en la presidencia del gobierno, **José Luis Rodríguez Zapatero**, fue quien inició la jugada y quien, además, está más cerca de **Sánchez** a la hora de secundar sus políticas de negociación, acuerdos y mutuo apoyo con Bildu.

Políticas que, si no me equivoco, muy pronto van a concretarse como contrapartida a los sucesivos apoyos de Bildu a los PGE y a las leyes más polémicas de **Sánchez** (Vivienda, Trans, Sólo sí es sí, Educación…). En las próximas elecciones al parlamento del País Vasco hay muchas probabilidades de que veamos a un antiguo etarra como presidente del gobierno, **Arnaldo Otegi**, y para más inri con el apoyo del partido Socialista de Euskadi (PSE). Será el lógico colofón de aquella mentira del presidente **Sánchez** cuando, haciendo uso de su habitual soberbia, cinismo y arrogancia, le espetó a un periodista aquello de «nunca pactaré con EH Bildu». Sólo unas semanas después, por el contrario, lo convirtió en socio preferente de su gobierno.

Esa es sólo una de las innumerables mentiras con las que este presidente viene jalonando su mandato, hasta el punto de que ya son parte de su *imagen de marca* personal. En los últimos días estamos asistiendo a una acumulación de promesas, de dádivas aún mayores a diestra y siniestra que, a buen seguro, en su inmensa mayoría no llevará jamás a la práctica ¿Habrá algún español que todavía se crea alguna de esas promesas que viene lanzando en la tómbola en que ha convertido la cita electoral del 28M? **Sánchez**, como sabe que en este país y en los últimos tiempos, mentir sale gratis, sigue practicando ese deporte con un descaro olímpico.

Ya sé que todo esto hasta puede estar fundamentado en toda la legalidad del mundo mundial. Pero eso demuestra una vez más que una cosa es la ley y otra bien distinta la ética o la moral. Es, cuando menos, sorprendente que en algún momento se llegue a considerar respetable que siete asesinos convictos y confesos de la banda terrorista ETA puedan formar parte de las listas electorales de su partido en Euskadi, aún a sabiendas de que sus principios políticos están enfrentados a la Constitución de 1978, y que están trabajando de forma sostenida y abierta contra España y la figura de su jefe de estado, **Felipe VI**. Sin embargo, esa circunstancia subraya de forma escandalosa la asimetría con que son tratados otros partidos de signo opuesto, que no sé muy bien por qué tienen que ser aún más criminalizados que el propio EH Bildu. Que se sepa en las filas de esos partidos que acatan sin reparos la Constitución vigente, no hay asesino alguno. Si hay que tener respeto por las listas del partido etarra —como ha declarado públicamente **Irene Montero**, la única miembro del gobierno que se atrevió en los primeros momentos a salir en defensa de la iniciativa bilduetarra—, mayor aún debieran tenerlo los candidatos de otros partidos constitucionalistas que forman parte inequívoca del sistema democrático de nuestro país, alguno de los cuales no han parado de recibir insultos, improperios, presiones y hasta agresiones físicas cuando salen a defender sus principios, más aún si es en el País Vasco, o Cataluña, pongamos por caso.

La guinda inicial al despreciable desmán la puso bastantes horas después el propio **Pedro Sánchez** desde Washington, en las escaleras de la Casa Blanca ante un micrófono de pie y varios de televisiones y radios de medio mundo: "Hay cosas que pueden ser legales, pero no decentes". Usted mismo se dice todo, señor presidente. Sus pactos con la formación filoetarra son una verdadera indecencia que califican sus acuerdos con el partido filoetarra con precisión de orfebre. Quizás por eso mismo, y a última hora, sus amigos de EH Bildu salieron a su rescate anunciando que los siete asesinos integrados en sus listas no tomarían posesión de su cargo en caso de ser elegidos. ¿Y los 37 restantes?, preguntamos nosotros al señor **Otegi**. Vivir para seguir viendo infamias.

Así que pasen cinco años

(20/05/2023)

Sí, cinco años, cinco, han tenido que pasar para que el presidente del gobierno español haya podido fotografiarse en la Casa Blanca junto al presidente de los Estados Unidos. **Joe Biden** esta vez lo ha recibido durante una hora en el despacho oval. Ya quedaban lejos aquellos 20 segundos de furtivo, patético y esperpéntico encuentro entre ambos en el transcurso de una asamblea de la OTAN celebrada en 2021 y que la factoría de Moncloa quiso vender a la opinión pública española como los segundos mejor aprovechados de la historia de la humanidad. Según aquellas fuentes oficiales patrias, en tan corto espacio de tiempo los dos mandatarios pudieron tratar sobre el nuevo mapa geopolítico mundial, el papel creciente de China, el cambio climático y hasta del nuevo rumbo de las relaciones bilaterales España-USA y alguna que otra menudencia adicional. Si menos de medio minuto sirvió para todo eso, no me atrevo ni a pensar lo que ha podido dar de sí casi una hora de conversación de tú a tú entre estas dos rutilantes estrellas políticas y mediáticas internacionales.

Pero, como por sus hechos los conoceréis, vamos a remitirnos a lo que verdaderamente se ha sacado en limpio por una y otra parte para ver a quién ha podido beneficiar más esta galáctica visita de **Pedro Sánchez** a **Biden** que —¡Oh, casualidad de casualidades…!—, se iniciaba justamente el día que se abría en España la campaña electoral de las elecciones autonómicas y locales que desembocarán en las votaciones del 28M.

Para empezar, el presidente español ha podido al fin hacerse una foto como Dios manda con el norteamericano, en la Casa Blanca, en el despacho oval, posando, sonriendo a su interlocutor o a la cámara —según convenga, que para estos menesteres nuestro presi no tiene rival—, y esta vez sin prisas ni agobios, con luz, taquígrafos, flashes y cámaras estáticas y dinámicas que pudieran distribuir por todo el espacio electromagnético del planeta ese encuentro sideral e histórico entre ambos mandatarios. Eso ya justifica por sí solo, no uno sino diez viajes a Washington. Que al final **Sánchez** tuviese que comparecer solo ante la prensa, en unas escaleras que daban acceso al parking de la Casa Blanca, para Moncloa no deja de ser más que una anécdota sin importancia que ya se encargarán de magnificar los medios de siempre, los que no ven más que detalles adversos ante cualquier intervención pública de **Pedro Sánchez**.

Vamos pues, a dejarnos de minucias y a acercarnos al meollo de la visita, a ver qué ha conseguido una y otra parte y así poder hacer un balance final del encuentro.

Parece que en la cartera de **Sánchez** había dos cuestiones prioritarias a tratar con **Biden**. A saber, que cuanto antes EEUU se lleve el suelo contaminado con plutonio desde hace seis décadas en Palomares (Almería) —ahora le han entrado las prisas a **Sánchez**, debe de ser pensando en las votaciones de diciembre próximo—, y que los aranceles a la aceituna negra española (por cierto, considerados ilegales hace ya un año por la Organización Mundial del Comercio), desaparezcan cuanto antes. La administración norteamericana, sin embargo, no parece haber recibido precisamente con castañuelas ni con banyo (o banjo, que tanto monta), una y otra pretensiones, de modo que sólo ha accedido a sentar sendas delegaciones técnicas que repasen los asuntos con detenimiento, a la búsqueda de soluciones prácticas y después, ya veremos… Como se ve, también al otro lado del Atlántico han aprendido que para no hacer nada de lo que se pide, lo mejor es crear una comisión.

A cambio, España acepta dos nuevos destructores, que se añaden a los cuatro actuales, en la base naval de Rota (Cádiz). Y, por otro lado, nuestro país va a colaborar también en los acuerdos *Artemis* junto a otros países para preparar el futuro viaje a Marte y a la luna. Una aventura científica (otros dirán entretenimiento), para el que hace falta mucho presupuesto y que, sin duda, nuestra administración habría cambiado gustosa por unos cuantos acuerdos económicos y empresariales. Pero, hete aquí que en la delegación española no había ni un solo empresario, de modo que esos acuerdos eran, no ya difíciles, sino imposibles de alcanzar.

En pocas palabras que, si París bien vale una misa, Washington —y no digamos ya la Casa Blanca—, bien vale una vueltecita en Falcon. Aunque no estoy yo tan seguro de que el presidente hubiera permanecido en el empeño de esa foto para ilustrar futuros textos escolares si hubiera intuido siquiera la jugadita que le preparaba su amigo **Arnaldo Otegi** con esa bomba informativa (perdón por el término que ya se sabe que con esta gente, metáforas que aludan a explosivos, las justas…), le ha dado un nuevo vuelco a las encuestas de opinión por esas casi 50 razones en forma de inclusión en las listas municipales de EH Bildu de otros tantos condenados por ser autores o colaboradores necesarios en docenas de atentados etarras.

La cosa ha llegado a tal punto que hasta el presidente **Sánchez** ha preferido delegar esta semana en la figura del ministro de Asuntos Exteriores, Unión Europea y Cooperación, **José Manuel Albares**, para representar a España y a 'su persona' en la cumbre de líderes del Consejo de Europa, que ha tenido lugar en Islandia. Supongo que, con gran dolor de corazón, **Sánchez** optó por presidir el Consejo de Ministros y, posteriormente, comparecer en el Senado, donde mantuvo un nuevo, agrio y desagradable 'cara a cara' con el líder del PP, **Alberto Núñez Feijóo**. Hasta cinco veces le preguntó el líder del PP si estaba dispuesto a seguir pactando con el partido filoetarra y otras tantas veces el presidente salió por peteneras y, por supuesto, sin despejar la insana curiosidad de **Feijóo**.

Y eso que la reunión de Reikiavik era también extraordinaria y un nuevo trampolín para proyectar a **Sánchez** al ámbito internacional. Desde 1949, fecha de su creación, el Consejo de Europa es la principal organización en materia de Derechos Humanos del continente y, en sus más de 70 años de historia sólo ha reunido en cuatro ocasiones a los Jefes de Estado y de Gobierno de los países integrantes (actualmente 46, incluidos los 27 que componen la UE, tras la expulsión de Rusia acordada por el Comité de ministros en marzo de 2022 a raíz de la invasión de Ucrania).

Una pena que el presidente español haya decidido no acudir a Islandia porque lo mismo hemos perdido una nueva oportunidad para que salte cuanto antes al ámbito internacional. Así no habría de esperar otros cinco años más para volver a la Casa Blanca, por un lado, y, por otro, los españoles trataríamos de recomponer todos los girones legales y éticos que ha ido sembrando a su paso por Moncloa y a tratar de evitar que haya segundas partes en esa historia. En diciembre, en todo caso, podremos decidir entre todos.

¡Todos al cine!

(23/05/2023)

Con el cutre objetivo de sacar un rédito electoral el 28M y en las generales de diciembre, **Pedro Sánchez** —que, de pronto, se ha visto afectado por un febril episodio de mitinitis aguda—, fin de semana tras fin de semana lo mismo, anuncia que va a poner en marcha el derecho al olvido oncológico, docenas y docenas de miles de viviendas al alcance de los jóvenes, o que los jubilados podrán ir al cine todos los martes por dos euros.

Voy a pararme en esta última propuesta, la del cine. Al margen de que esta es, de nuevo, una de esas ideas que antes ha criticado con dureza cuando ha sido puesto en marcha por el PP (en el caso del cine para los mayores ya lo hicieron en 2006 **Esperanza Aguirre** y **Ana Botella**, también los martes, pero sólo por 1€), uno que sabe más por viejo que por diablo, cree adivinar la verdadera y última razón de la propuesta dirigida a los chicos y chicas de oro, la de acudir al cine.

El secreto que encierra la oferta del Presidente copiada por enésima vez al PP, estoy en condiciones de revelarlo. Seguro que es la de que los mayores vayan a ver lo guapo que está en su docuserie, esa que el supremo líder se prestó para protagonizar pero que no se la ha comprado ninguna plataforma ni televisión (española, al menos; de la venezolana, cubana o argentina no tenemos aún noticias). Una propuesta más baratita que la salida del caletre de **Yolanda Díaz**, la de los 20 mil del ala para los jovencitos que hayan cumplido los 18, seguramente para hacer fiestorros mensuales y que puedan empalmar uno tras otro hasta las próximas elecciones. La otra, propuesta por un servidor, la de multiplicar por 10 esa cifra, pero para los que lleguen a cumplir los 81, seguro que ni la han considerado sobre la marcha en el Consejo de Ministros. ¡No vuelvo a dar más ideas…!

Pero, volvamos al hilo, ¡hay que ver la diarrea de propuestas que están saliendo de la factoría Moncloa! que, inevitablemente, son anunciadas en algún mitin en los que participa el presidente, y que días después es repicada de nuevo tras la celebración del Consejo de Ministros por su ministra portavoz. Doble impacto le llaman a eso. Yo prefiero ser más directo y hablar de doble cara dura.

De todas las que proponen a ver cuáles van a poder llevar efectivamente a la práctica. Sin ir más lejos, hace unos días supimos que, de aquel cheque de 200€ que el presidente daba *gratis et amore* a los jovencitos españoles, 1 000 millones se han quedado sin repartir. Dicho con otras palabras, que unos cinco millones de jóvenes han pasado olímpicamente de la oferta gubernamental y, como ellos mismos dirían, "han seguido a su rollo", sin pararse a considerar siquiera la dádiva sanchista.

Y eso que aún no han debido considerar que en ese lote de mayores, maduritos y viejecitos que, en cola rigurosa porque esta gente de posguerra es de las de ley, lo mismo un día alguien del partido se encuentra que delante o detrás de él está el mismo **Amancio Ortega** (que vaya usted a saber por qué diablos tiene que utilizar el multimillonario gallego la oferta de **Sánchez**), y entonces sí que sí, se le marchan del gobierno toda la *troupe* de chicas podemitas, léase **Belarra**, **Montero** y compañía y, hasta con un poco de suerte, aunque sólo sea por solidaridad con sus compañeras del metal, hasta las acompaña **Alberto Garzón**.

Llegado el hipotético caso que anticipo, **Sánchez** no tendría más remedio que meterse un par de meses en uno de esos hoteles que brindan al turista los cartujos benedictinos y otras órdenes religiosas católicas, para que el común de los mortales (pecadores por naturaleza) se encierre allí para meditar, expiar sus faltas o, quizás, por las dos cosas a la vez. ¡La de disgustos que se habría ahorrado si la idea del cine se le hubiese ocurrido a nuestro presidente a los dos meses de firmado el pacto con Unidas Podemos!

Pero, en fin, hay que aprender de los errores propios para no volver a repetirlos. Lo malo es si la lista del PSOE vuelve a ser la más votada, pero tiene que reeditar los pactos con EH Bildu, ERC y Unidas Podemos. Entonces, el mago **Sánchez** se sacará un conejo de la chistera y aparecerá en la ONU, en Bruselas o en las antípodas con tal de no volver a pasar por el mismo calvario político. ¡Las cosas que pueden llevar consigo una inocente decisión de ahorrarles unos eurillos a los viejecitos para que luego te voten…!

Nervios, promesas, amaños y alertas, 48 horas antes

(26/05/2023)

Aún tengo sobre la retina aquella imagen, no tan lejana, de un aspirante a secretario general del PSOE escondido tras una cortina y llenando a manos llenas la urna correspondiente. Se trataba, ni más ni menos, que de **Pedro Sánchez**, entonces derrotado en su empeño de alcanzar la secretaría general de su partido, y unos meses después rescatado y con albricias y parabienes por los mismos compañeros que antes le habían denostado. Es la política, al menos la política del socialismo, que ahora se ha transformado en sanchismo, aunque mantenga las siglas. Sólo las siglas porque los principios y aquellos ciento treinta años de honradez me parece que los ha perdido en el traslado.

El caso es que ahora ese sanchismo ve muy cerca un posible cambio de ciclo político en España y hay varios síntomas que avalan esta afirmación. Quizás el primero sea que el mismísimo 'supremo líder' socialista se ha metido de lleno en campaña en lo que él mismo ha contribuido a desnaturalizar, las elecciones municipales y autonómicas, que se han transformado a la postre en una especie de primera vuelta de los comicios nacionales de fin de año.

Sánchez se ha embarcado obsesivamente en el Falcon, que ya parece sólo suyo y del que hace uso ya descarado para acudir a actos de partido. Le da lo mismo que esa actitud le sea recriminada un día sí y otro también en el Congreso de los Diputados por los partidos de oposición. Ya ni se molesta en dar algún tipo de explicaciones al respecto, y eso que el gobierno iba a convertirse en el 'campeón de la trasparencia' en España.

En un arriesgadísimo movimiento, más propio del ajedrez que de la política, **Sánchez** se ha lanzado a presidir mitin tras mitin como un poseso y, de paso, a anunciar y prometer la luna (viviendas para los jóvenes, impulso de la FP, cine prácticamente gratis para los mayores, viajes a precios de saldo del Interrail para los jóvenes…), y a sabiendas de que la memoria del ciudadano es en general tan confusa como corta.

Ha llegado hasta a adueñarse de lo ya prometido, como es el caso de esos cerca de 600 millones de euros a invertir en la medicina de familia, la de cercanía, la del ciudadano común, a pesar de que esa inversión no guste a los médicos de los centros de salud afectados —prefieren más contratos a nuevos facultativos y no tanta mejora de la imagen de esos centros—, ni a los consejeros de salud de las CC.AA., que hace ya unas semanas acordaron con el ministerio de Sanidad idéntica cifra e idénticos propósitos.

Tampoco ha favorecido en nada a la imagen del PSOE la inclusión de esos 44 condenados de ETA (siete de ellos con delitos de sangre), en las listas de EH Bildu, socio preferente del gobierno **Sánchez**. Ni esas redes mafiosas de compra de votos destapadas por las fuerzas de seguridad. En Melilla, a través de Coalición por Melilla, un partido promarroquí que surgió en 1995 tras escindirse del PSOE melillense y que en la actualidad gobierna también con el apoyo del PSOE. Entre los detenidos, el yerno del líder de la Coalición y el consejero de Distritos, Juventud y Participación ciudadana, **Mohamed Ahmed Al-lal**. Hay quién ve, incluso, en este episodio la larga mano de **Mohamed VI** y los servicios secretos de Rabat para seguir agitando las aguas de la no españolidad de la ciudad norteafricana, y estando nuestro presidente tan cogido como está por el espionaje de Pegasus, seguro que no levanta la voz ante un asunto de tanta gravedad como este.

Por otra parte, y aunque ambas situaciones no tengan nada que ver, en Mojácar (Almería) han sido también arrestados siete ciudadanos por otro intento de tongo electoral, dos de los cuales forman parte de la lista de los socialistas para las elecciones del próximo domingo. Pero la cosa no queda tampoco ahí porque, al menos en un juzgado de la Gomera se investiga otra denuncia por presunto fraude de voto por correo, y en Albudeite (Murcia) —un pueblo de poco más de unos 1 400 habitantes—, son ya 13 los detenidos por fraude electoral, entre ellos la candidata del PSOE. Y, por si todo eso fuera poco, y sin ánimo de ser exhaustivo, el número 3 del PSOE andaluz está investigado por secuestro, y el alcalde socialista de Galapagar (Madrid) lo llevan a juicio por presunto acoso laboral a una secretaria...

Nervios en Ferraz

Pero, en fin, abandonemos las cuitas internas de partido y fijemos el objetivo en asuntos más generales y esenciales. Gobiernen finalmente unos u otros, lo importante es que no quede ninguna sombra de duda en la limpieza del proceso. Creíamos que un fraude electoral a través de la compra de votos por correo era un asunto poco menos que imposible en nuestro país. Los más de 10 000 votos, de un censo total de algo más de 55 000 de Melilla, demuestran que estamos muy equivocados al respecto y que hay que poner en alerta todas las alarmas democráticas para evitar cualquier intento de amaño de las elecciones del domingo próximo en otras poblaciones o autonomías. Nos va demasiado en ello. Pero recordamos de nuevo aquellos cambios tan 'oportunos' en Correos e INDRA, y de nuevo la sombra de la duda vuelve a ser inevitable.

¿Adiós al objetivo de cambio del Régimen del 78?

(29/05/2023)

La foto de la noche electoral municipal y autonómica en la España de 2023 (28 de mayo), es justamente la que no existió: **Pedro Sánchez** dando la cara y explicando cómo no puede fiarse ya ni de sus dirigentes autonómicos. Y, encima, el único que salva los muebles es **García Page** en Castilla-La Mancha, su máximo detractor en el seno del partido. Así pues, *con un par,* el presidente se escondió en la Moncloa a pensar de quién prescinde en el gobierno y en los próximos días para encarar, con viento clarísimamente adverso, estos próximos seis meses de peregrinaje en el desierto de la adversidad.

Pero si esperan ustedes algún *mea culpa* de Su Sanchidad, acabarán en el mayor de los aburrimientos porque este jefe nunca se equivoca.

Fuera de Moncloa los titulares son unánimes, o casi: derrota sin paliativos; hecatombe socialista; rotunda victoria del PP; un tsunami barre a **Sánchez**; debacle socialista y morada; avance popular incontestable; PSOE en caída libre y Podemos y Cs desaparecidos…

De los claros síntomas de agotamiento y falta de ideas en el gobierno, más allá de las mentiras constantes y las falsas promesas, y un más que probable fin de ciclo, hablan por sí solos los resultados cosechados en estas elecciones municipales y autonómicas. Sin ánimo de exhaustividad y por si no ha querido detenerse en los ríos de tinta y de comentarios en los cientos de tertulias políticas que pueblan los medios, vamos a subrayar los principales rasgos.

El mapa de España ha vuelto a pintarse de azul. La mayor parte de las comunidades autónomas que votaron el 28-M (todas salvo Cataluña, País Vasco, Galicia y Andalucía), votaron al PP como partido de gobierno, ya sea en solitario o con el apoyo negociado con Vox. Es el caso de Madrid, Valencia, Baleares,

Aragón, Murcia, Extremadura, Cantabria y La Rioja. El otro partido vencedor, a pesar de los constantes ataques sufridos desde la izquierda, ha sido Vox, que multiplica por dos sus votos, por tres sus concejales y podrá apoyar o negar el apoyo al PP en seis comunidades autónomas. El PSOE sólo ha podido retener tres de las comunidades en las que gobernaba: Asturias, Castilla-La Mancha y, posiblemente, Navarra. En Canarias, el PP tiene la llave para que Coalición Canaria sea la formación que quite a los socialistas el gobierno regional.

Los populares han arrebatado también al PSOE ayuntamientos clave (Valencia, Valladolid, Sevilla o Logroño, entre otras muchas grandes ciudades), han obtenido casi 800 000 votos más que el partido socialista y han señalado la gran derrota de **Sánchez** que, en conjunto, ha perdido más de dos millones de votos con respecto a las anteriores elecciones de 2019. Son los grandes datos de la indiscutible derrota de **Pedro Sánchez** que, además, ha tenido que digerir el fracaso obtenido por todos sus socios de gobierno y simpatizantes, como es el caso de Unidas Podemos, ERC, Más Madrid, y los socios de **Yolanda Díaz**, así como el PNV, que han bajado sus resultados con respecto a 2019, y el único que ha salido reforzado ha sido precisamente Bildu, lo cual tampoco favorece los intereses del PSOE, que va a tener que volver a retratarse con sus apoyos al partido filoetarra en varios ayuntamientos vascos y navarros.

Todos estos datos van a influir de modo decisivo en el objetivo de **Sánchez** y sus socios de acabar con la Constitución de 1978, si actúan con realismo. Aunque tampoco es descartable que, habida cuenta de que tienen por delante siete meses hasta la convocatoria de elecciones generales en diciembre de este año, se embarquen en la aventura suicida de materializarlo. Con **Sánchez** nada es descartable y menos aun cuando, como ahora, está herido y acorralado. Poco importa a un dirigente tan ambicioso como **Sánchez** que los ciudadanos le hayan dado la espalda en la mayor parte del territorio español y que, como una de las consecuencias directas de ello, el Frankenstein esté desvaneciéndose ya de forma irremisible.

Pero mal haría el Partido Popular, con **Alberto Núñez Feijóo** a la cabeza, en regodearse en la primera victoria obtenida por el líder gallego en su año al frente del partido. El presidente **Sánchez** se crece ante la adversidad y no va a dejarse vencer fácilmente. Ha demostrado ya sobradamente en sus cinco años de gobierno que es capaz de lo que haga falta con tal de no abandonar el poder: pactar con terroristas y simpatizantes; derogar a la carta el delito de sedición; anular casi totalmente el de malversación; plegarse a las exigencias delirantes de Unidas Podemos en esas leyes que, probablemente, estén en el origen de su batacazo político; arrinconar la figura del Rey; ocupar instituciones, organismos y empresas clave del país; señalar a empresarios; subir la fiscalidad de forma generalizada y, especialmente, contra grandes, pequeños y medianos empresarios; cambiar la política exterior con el vecino marroquí sin consultar ni pactar nada con nadie, etc., etc.

Pero que nadie se lleve a engaños. No va a ser fácil acabar de pararle los pies a alguien que, como **Pedro Sánchez**, está siempre decidido a jugarse el todo por el todo. Nadie daba un euro por él en su propio partido tras haber fracasado en el intento de alcanzar la secretaría general tras haber sido descubierto en su intento de fraude en el comité ejecutivo, y menos aun cuando albergó la idea de sustituir a **Rajoy** en Moncloa y en medio de la legislatura. Y, sin embargo, y contra todo pronóstico, fue capaz de conseguir lo uno y lo otro. Cuidado, porque lo mismo no hay dos sin tres.

Epílogo: Siempre con un conejo en la chistera

(31/05/2023)

El artículo que antecede a éste epílogo, el último de esta segunda parte de 'Sanchismo, mentiras e ingeniería social', lo publicaba hora y media antes de que **Pedro Sánchez** decidiese al fin comparecer ante la opinión pública española al día siguiente de la celebración de las elecciones municipales y autonómicas, es decir, el 29 de mayo.

Moncloa avisó apenas media hora antes de producirse. Eran las 11 de la mañana cuando el presidente —traje oscuro e impoluto, corbata clara, gesto serio y de circunstancias—, anunciase ante todos los medios de comunicación del país que había decidido adelantar las elecciones generales y convocarlas para el 23 de julio, es decir, poco menos de dos meses después del batacazo electoral. Una vez más, **Sánchez** sorprendía a propios y a extraños porque no creo que la noticia fuera conocida ni siquiera en su entorno de Moncloa o de Ferraz. Posiblemente, a esa hora no la conocía más que algunos colaboradores intimísimos (y no necesariamente miembros del Consejo de Ministros).

Era una aceptación explícita de su inapelable fracaso personal al haber impuesto esas elecciones municipales y autonómicas en clave nacional. Su misma persona se echó al hombro toda la responsabilidad de intentar echar un pulso a sus detractores, a pesar de que las *encuestas a medida* cocinadas por su amigo y presidente del Centro de Investigaciones Sociológicas (CIS), **José Félix Tezanos** que, inasequible al desaliento, una tras otra seguía dando como vencedor al PSOE en contra del resultado ofrecido por todo el resto de institutos privados que, en mayor o menor medida, avanzaban ya el batacazo que iba a darse el partido del gobierno. No era nada nuevo porque esa tendencia de ver siempre como ganador al gobierno y a su partido ha sido la marca de la casa en un centro hasta entonces tan reputado como el CIS que, sin embargo, tras el paso del político, sociólogo y profesor **Tezanos**, ha quedado absolutamente desprestigiado.

Pero, ¿qué razones pudieron llevar al presidente más aferrado al poder de cuantos habían pasado antes por la Moncloa a decidir el adelantamiento electoral? La arrogancia, la soberbia y la contumacia del presidente en presentar una realidad virtual paralela que tenía a España como el mejor escenario posible tras la pandemia de 2020 y sus terribles consecuencias económicas generadas, no hacían presagiar a casi nadie que esa podía ser una vía de escape para el propio **Sánchez**. Porque lo que ha quedado meridianamente claro en estos cuatro últimos años del gobierno de coalición, es que todas las decisiones del presidente han estado motivadas por un único norte: su permanencia en el poder, su interés exclusivamente personal por encima del partido, de España y, desde luego, de la UE.

Inicialmente, el largo encierro al que sometió a toda la población (trabajadores, empresas, industria, turismo, administración, etc.), y, segundo, por el mastodóntico esqueleto ministerial provocado por sus acuerdos de gobierno con Unidas Podemos, su pertinaz y férrea negativa a contener el gasto, la falta de eficiencia en la gestión, y la permanente tendencia a dificultar la actividad empresarial privada, han llevado a España a ocupar el lugar de cola en la recuperación económica, no sólo entre los países de la UE sino también entre los miembros de la OCDE.

Ese llamado 'síndrome de la Moncloa' que ataca siempre a los presidentes de gobierno que, llegado un momento de su gestión, son incapaces de atisbar la realidad de la calle y gobiernan sólo a base de escuchar a sus ministros y consejeros, que suelen tender a dorarles la píldora, es una característica que en el caso de **Sánchez** ha sido aún mucho más apreciable que en sus inmediatos antecesores (**Rajoy**, **Zapatero** y **Aznar**). Y es que, sobre todo, desde aquel "¡Que te vote **Txapote**!", que tuvo que escuchar a un ciudadano delante de sus presidenciales narices a las puertas de uno de sus múltiples mítines, ya no se le volvió a ver prácticamente nunca en espacios abiertos por miedo a tener que seguir sufriendo presiones, críticas, amenazas y hasta insultos motivados por sus decisiones políticas (acuerdos con Bildu, cesiones y más cesiones al independentismo catalán y vasco, aprobación de leyes ideológicas como consecuencia del chantaje permanente de sus socios de gobierno (Vivienda, Sí es sí, Protección animal, Eutanasia, Ampliación del aborto, etc.).

Motivo aparte constituye la presión creciente a la que el gobierno ha ido sometiendo a la figura del monarca constitucional, **Felipe VI**, y aún mayor a la de su padre, el rey emérito **Juan Carlos I**. Y eso, a pesar de que la popularidad de ambos monarcas no ha decrecido sustancialmente ante la opinión pública, sino exclusivamente entre la militancia de los partidos de izquierda y ultraizquierda que han visto siempre una oportunidad excelente para buscar con ello la excusa perfecta para embarrar a la institución y, a renglón seguido, iniciar un proceso constituyente que acabase con la destitución del monarca y la consiguiente proclamación de la III República.

Problemas todos no reales sino provocados consciente y deliberadamente desde el mismo seno del gobierno y sus terminales políticas de izquierda radical que, de pronto, y a consecuencia de este revés electoral municipal y autonómico, hicieron que el presidente **Sánchez** cayera del caballo —como **San Pablo**—, y viera que lo mismo una convocatoria de generales cuanto antes no era la peor de las salidas.

Pero volvamos a la pregunta que nos dejaba al borde de explicar cuáles pudieron ser las razones que han llevado a **Sánchez** a decidirse a adelantar la convocatoria de elecciones generales, aun a sabiendas de que eso le podía costar tener que hacer las maletas para salir de Moncloa apenas iniciado el semestre español de la presidencia rotatoria de España en la UE, entre el 1 de julio y el 31 de diciembre de 2023.

La primera, a mi juicio, es por simple supervivencia política. No le bastaba una crisis de gobierno que, además, podría haber aprovechado para quitarse de en medio a los ministros cuota de Podemos, que tanto habían lastrado sus decisiones, porque entonces los meses restantes hasta llegar a diciembre habrían constituido un verdadero calvario para él.

Por otro lado, así evitaba que el PP echase a rodar su maquinaria de poder municipal y autonómico que aún le habría llevado a enfrentarse a **Sánchez** con mayores garantías de éxito si la convocatoria se hubiera hecho a finales de 2023. Adelantando a julio esos comicios, además, contribuiría a que la movilización de la derecha fuese mucho menor, circunstancia que favorecía y mucho al presidente. Y eso, amén de poder esgrimir ante la opinión pública el necesario acuerdo PP-Vox para gobernar ciertos ayuntamientos y comunidades autónomas, y alejar a algunos votantes de estos partidos ("Yo o la extrema derecha", "¡Vuelven los fascistas!").

Y, en última instancia, porque así volvía a secuestrar a su propio partido al acallar la contestación interna que, tarde o temprano, habría de producirse en el seno del PSOE cuestionando los constantes desaciertos del propio **Sánchez**, que también había relegado los órganos de decisión del partido entre congresos (en especial su Comité Federal), para proteger así su poder casi omnímodo en el partido. Evitaba así también que la caída libre en las encuestas de opinión que estaba sufriendo su figura desde muchos meses antes de mayo, acabase haciendo mella en el partido y llegase a cuestionarse en su seno y más seriamente su sustitución como cabeza de cartel electoral en caso de haber prolongado seis meses más esa situación.

Pero el superego de **Pedro Sánchez**, el altísimo concepto de sí mismo que ha presidido todas sus intervenciones públicas, no le permitió tirar la toalla y poner su cargo a disposición del partido o, más aún, dimitir porque los aproximadamente 2 300 000 votos perdidos bajo su gestión en los últimos cuatro años eran motivo más que suficiente para que lo hubiese hecho. Y de su altivez y arrogancia extremas habla también, y de forma más que elocuente, el hecho que denunciaba el mismo **Emiliano García-Page** el día 30 de mayo —48 horas después de que el presidente castellano-manchego revalidase su mayoría absoluta en la región—, en el programa *Más de uno,* dirigido por **Carlos Alsina** en Onda Cero Radio. **Page** aseguraba que **Pedro Sánchez** no le había felicitado aún por la obtención de la mayoría en Castilla-La Mancha: "No todo el mundo se ha alegrado en mi partido de que gane".

Y una vez dicho esto, sólo resta subrayar lo que parecía ya un clamor incontenible el 28 de mayo de 2023, el de que **Pedro Sánchez** no vuelva jamás a la Moncloa por el bien de España y sus ciudadanos, y que la persona que le sustituya (probablemente **Alberto Núñez Feijóo**), no anteponga nunca entre sus prioridades de gobierno su ambición personal o la de su partido sino la de todos los ciudadanos españoles, independientemente de sus orientaciones ideológicas, sus creencias religiosas, políticas o sociales de cualquier orden. Eso, además, me libraría de tener que dedicar más años de mi vida a seguir, examinar y analizar políticas gubernamentales como las que han presidido la acción de gobierno de **Sánchez**, que están más cerca del esperpento que de la pura racionalidad y el sentido común exigible a cualquier gobernante que busque ser considerado como tal. Espero que —esta vez sí—, estemos ante el final de esta pesadilla política que hemos dado en denominar sanchismo.

Madrid, junio de 2023

AGRADECIMIENTOS

No tengo más que palabras de agradecimiento para las tres personas que me han ayudado con diligencia y eficacia extremas a que este libro vea la luz con la rapidez y la limpieza indispensables. Las tres han llevado a cabo la parte más ingrata, pero absolutamente primordial para que un libro pueda ver la luz con la dignidad y el rigor necesarios para que el lector no encuentre en su lectura más que el camino mejor trazado posible y sin más erratas que las inevitables: la revisión, la corrección y la edición.

Ellos son Carmen Carbia, Cristina Jaque y Enrique Gallud. Sin su decisiva ayuda, nunca habría podido subir a Amazon ni este ni otros libros. Mi reconocimiento e inmensa, eterna y sincera gratitud a los tres.

Índice